Mathematician's
Lament

Paul Lockhart

算数・数学はアートだ!

ワクワクする問題を子どもたちに

ポール・ロックハート
吉田新一郎 訳

新評論

船を造りたかったら、人に木を集めてくるように促したり、作業や任務を割り振ることをせず、果てしなく続く広大な海にあこがれる事を教えよ。

（アントワーヌ・ド・サン＝テグジュペリ）

もくじ

算数・数学はアートだ！

——ワクワクする問題を子どもたちに——

すいせんの言葉

二〇〇七年の末、私が講演をしたあとにある参加者が、「あなたは、これを間違いなく気に入るでしょう」と言いながら小冊子を渡してくれました。それが、『ある数学者の嘆き』というタイトルの、タイプ印刷されたわずか二五ページほどの資料でした。この小冊子は、二〇〇二年に本書の著者である数学教師ポール・ロックハートによって書かれたもので、数学を教えている人の間では広く読まれていたようです。しかし、その分量の少なさもあってか、出版されたことはありませんでした。

小冊子を私に手渡してくれた参加者の予想は、ある意味ではずれました。著者であるポール・ロックハートのことは知りませんでしたが、私はその内容に魅了されただけでなく、彼の主張はもっと多くの人たちによって読まれるべきだと思ったわけです。そして、私はそれまでにしたことがなく、またこれから二度とすることもないであろうことをしでかしました。

小冊子には連絡先が記されていなかったので容易ではありませんでしたが、何とか彼の居場所を探しだし、許可をとって、米国数学学会において私がつくっていたウェブ・マガジン「Devlin's Angel」の二〇〇八年三月号[1]でその全文を紹介したのです。そうすることが、小冊子の内容をより広範に、もっとも早く、しかも効果的に数学者と数学教育者に紹介する方法だと判断したからです。

その号で、次のような言葉とともに私は紹介しました。

「正直言って『ある数学者の嘆き』は、私がこれまで見た算数・数学教育に対する批判のなかでも際だったものです」

私は、たくさんの反応を予想していました。結果として起きたことは「反響の嵐」でした。ロックハートの書いていたことは、世界中にいるたくさんの人々の感情的な反応を呼び起こしたのです。ロックハートとの約束で彼の連絡先は書かなかったので、たくさんの感謝の気持ちを表す電子メールとともに、複製と翻訳許可を求める申し出が殺到しました（あなたが今読まれているこの本は、まさにその結果として生まれたものなのです）。

本にまでなったのは、彼がたくさんの数学者や算数・数学教師と違うことを言っているからではありませんし、新しい主張をしているからでもありません。数学教育界は分断しており、彼が書いていることのすべてではなくても、そのほとんどに反対する人も少なくありません。そんななかで何が際だっていたかというと、人に訴える彼の言葉の力と、その言葉のなかに込められている彼の情熱です。『ある数学者の嘆き』は、単によい作品だったのではなく、彼の心が生み出した素晴らしい作品なのです。『ある数学者の嘆き』（それをかなり拡張する形で生まれたこの本『算数・数学はアートだ！』）は、あくまでも彼の考えを紹介している作品だということを忘れないでください。ロックハートは、「数学はどのように教えられるべきか」ということにつ

（1）このサイトは、http://devlinsangle.blogspot.jp/ で見られます。一九九六年一月から毎月一回配信されており、現在でも続いています。また、二〇〇八年五月号では、三月号に寄せられた読者の感想や質問への反応を、紹介者であるデブリンと作者であるロックハートの両者が「続編」という形で再び配信しています。それほどデブリンは、ロックハートが書いている内容を評価しているということだと思います。

二〇〇八年三月号：http://www.maa.org/external_archive/devlin/devlin_03_08.html

二〇〇八年五月号：http://www.maa.org/external_archive/devlin/devlin_05_08.html

いて確固たる考えをもっていますし、それを具体的にも紹介しています。そしてそれは、現在学校で行われている方法とはかなり違ったものとなっています。

人の心を捉えるという独特の「書くスタイル」のほかに特筆に値することは、厄介で争点の多い数学教育の問題に正面から挑み、それに対してあまり指摘されたことのない見方を彼が提供してくれたことです。

ロックハートは特殊な経歴をもっています。大学での数学研究者および教育者として充実したキャリアをスタートさせたにもかかわらず、彼はそれらを投げ打って、小学校から高校までの生徒たちを教えることこそが自らの天職と悟ったのです。現在では、後者のキャリアのほうがはるかに長くなっています。

この本は、算数・数学教育に携わるすべての教師、算数・数学教師を目指すすべての学生、学校に通う子どもをもつすべての親、そして算数・数学教育に政策面でかかわるすべての関係者にとって、必読書として位置づけられるべき本だと私は思っています。読者は、ロックハートが言っていることすべてに同意しないかもしれません。また、彼が提案している教え方をすべての教師が実現することは無理だ、と思うかもしれません。でも、少なくとも彼の主張を読み、じっくり考えてほしいと私は期待しています。

『算数・数学はアートだ！』は、数学教育界ではすでに重要な書物として認められ、無視できないものとなっています。もちろん私は、読者がどのように反応すべきかをお伝えすることはしません。ロックハートも同意してくれるように、それは一人ひとりの読者に委ねられたことだからです。しかし、これだけはお伝えしておきます。彼が、私の小学校から高校の算数・数学の先生だったらよかったのになあ、ということです。

キース・デブリン(2)（スタンフォード大学）

---

(2)（Keith Devlin）一九四七年、イギリス生まれ。ブリストル大学にて博士号（数学）を取得。現在、スタンフォード大学情報言語研究センターのエグゼティブ・ディレクター兼同大学数学科のコンサルティング・プロフェッサー。ナショナル・パブリック・ラジオの「マス・ガイ」でも有名。カリフォルニア州パロアルト在住。邦訳された本として、『興奮する数学』（山下純一訳、岩波書店、二〇〇四年）、『数学する本能』（冨永星訳、日本評論社、二〇〇六年）、『数学：パターンの科学――宇宙・生命・心の秩序の探求』（山下純一訳、日本サイエンス社、一九九五年）などがあります。

パート 1

嘆き

1 音楽家と画家が見た悪夢

音楽家が悪夢から目を覚ましました。夢のなかで、彼は強制的に音楽教育が行われているという社会にいたのです。

「たくさんの音楽が充満する世界で、生徒たちはより競争力をもてるようにしなければなりません」

教育者と教育委員会が、この重要なプロジェクトの責任を担うことになりました。調査を行い、委員会が結成され、そして何をすればよいかが決められました。一人の音楽家も作曲家も参加することなく、またアドバイスを求められることもなく、です。

音楽家は、自らのアイディアを紙に書き表すことで知られています。五線譜と音符を表すオタマジャクシのような面白い形が「音楽の言語」を構成し、それによって曲ができています。もし、音楽的な能力を身につけようと思ったら、生徒たちはこの言語に精通することが必要不可欠となります。音符の記譜法や理論を知らずに、歌を歌ったり、楽器を演奏したりすることは考えられません。楽器を弾いたり、聴いたり、ましてや自分の曲を作曲したりすることはとても高度なことなので、一般的には大学まで、場合によっては大学院まで控えるべきだ、と提言されました。

小学校から高校までは、音楽の言語を使いこなせるようにすることを目標に据えています。つまり、ルールに従っていろいろな記号を書き表せるようにすることです。「音楽の授業では、五線譜を机の上に出して、先生が黒板に書き出した音符を写すか、異なる音階に移します。低音部や高音部の音符記号⊖（クレフ）や♯（シャープ）や♭（フラット）の調記号を正しく書けるようにならなければならず、楽譜でもっとも使うオタマジャクシの四分音符も、しっかり書けるように先生は口うるさく言います。半音階の問題を出され、正しく配置できたにもかかわらず、半音階の棒の部分を間違った方向に書いてしまったので、先生はマルをくれませんでした」

教師たちはすぐに、この程度のことなら低学年の子どもですらできるようになると悟ります。実際、三年生が五度圏（次ページの**図1**参照）を完全に暗記できていないと恥ずかしいことと見なされます。

図1　五度圏

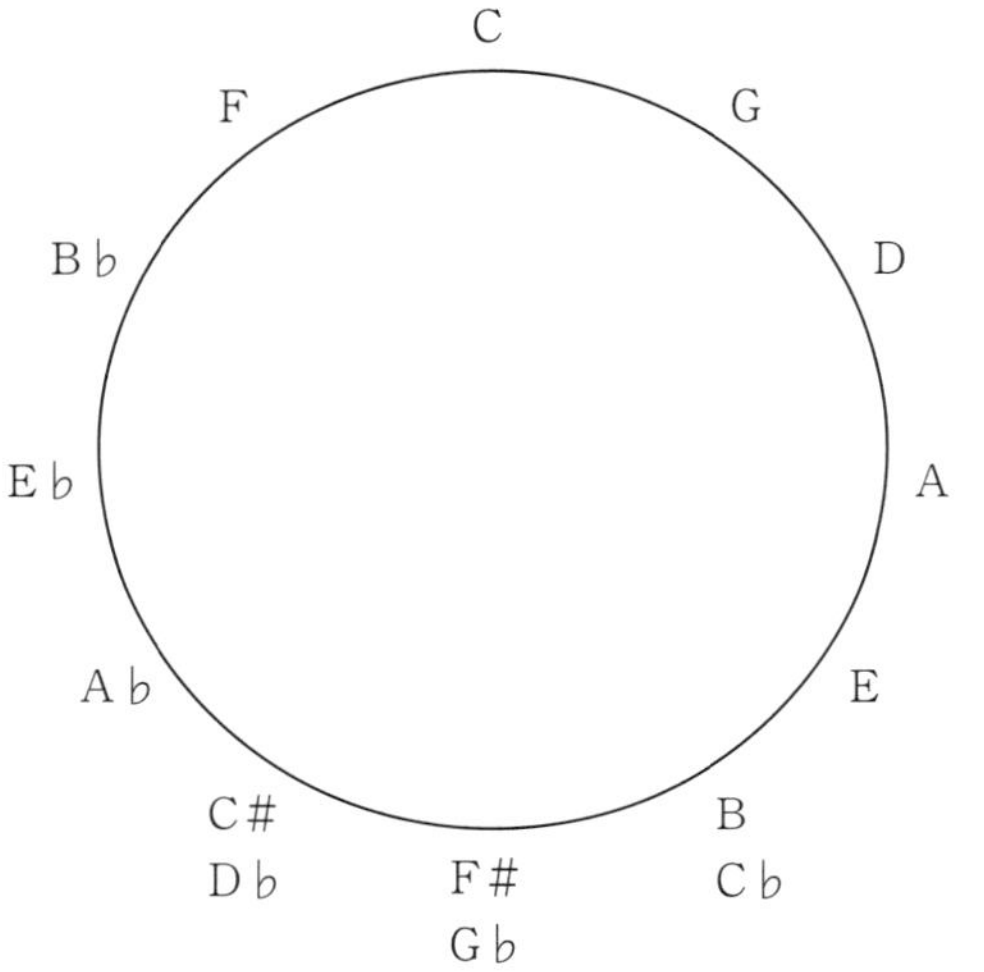

右回りは#で、左回りは♭。

音楽理論を勉強していくと、調、和音などで必ず出てくるサークル（円）があります。ある任意の調（図ではC）を基準に、完全５度上ずつ右回り、ないし完全４度上（完全４度下）ずつ左回りに回っていくと、すべての長音階の調を経由して元に戻ってきます。これこそが五度圏で、「サークル・オブ・フィフス（Circle Of Fifths）と言われています。言い換えれば、ただの公倍数（算数）です。

出典：http://sound.jp/nk_sounds/circle.html　および　http://www.daxter-music.jp/scale/index003.html

「息子には、家庭教師を雇って教えてもらわなければなりません。家で、音楽の宿題をちゃんとやろうとしないんです。彼は、音楽は退屈だと言います。息子は、窓の外を眺めてメロディーを口ずさみ、自分でおかしな歌をつくっているだけです」

中学校や高校では圧力が増します。何と言っても、生徒たちは学力テストや入試の準備をしなければなりませんから。生徒たちは、音階、拍子、和音、対位法(1)などの授業を受けなければなりません。

「生徒たちは、たくさんのことを学ばなければなりません。でも、大学に入って実際の音を聴くようになると、こうしたことを中学校や高校で学んだことに感謝するでしょう」

もちろん、そんなにたくさんの生徒が音楽を専攻するわけではありませんから、黒いオタマジャクシたちがどんな音を出すのかを実際に聞けるのはほんのわずかの生徒だけです。でも、社会を構成するすべての人が、曲中に調を変える転調やフーガの楽

(1) 複数のまったく異なる旋律と、それらがつくる和音の調和を重視した作曲技法で、バロック音楽でその頂点に達しました。

句を（たとえ、それらを聞いたことがなくても）認識できることが大切です。

「本当のことを言うと、ほとんどの生徒は音楽のできがよくありません。彼らのほとんどは授業で退屈していますし、スキルはひどく、宿題についても読めるようなものを提出しません。彼らのほとんどは、今の世の中で音楽がどれほど重要かということに興味すらもっていません。彼らは、必要最低限の単位をとって終わりにできればいいと思っているのです。音楽が得意な人間と、不得意な人間がいるんだと思います。とくに素晴らしい、一人の生徒のことを覚えています。彼女の楽譜は非の打ち所がありませんでした。すべての音符が正しいところにあり、シャープやフラットなどもすべてきれいに書いていました。いつか、彼女はいい音楽家になることでしょう」


　冷や汗をかいて目を覚ますと、音楽家はそれがすべて馬鹿げた夢であったことに気づきました。そして、次のように再確認したのです。

「どんな社会も、価値があって美しい芸術である音楽を、くだらない作業に落とし込むことはないだろう。どんな社会も、とても自然に自分を表現できる媒体である音楽を子どもたちから取り上げるといった残酷なことはしないだろう。もし、そんなことが起こったら、狂気としか言いようがない」

同じ時刻、町の反対側に住んでいる画家も似たような悪夢から目を覚ましました。この画家は、自分が学校の教室の中にいたので驚きました。イーゼルも絵の具もないのです。そこにいた生徒たちが、「高校までは実際に絵を描きません。中学では、主に色について学ぶのです」と言って、使っているワークシートを見せてくれました。色の見本が印刷されており、空欄に、それぞれが何色だかを書き込むように指示されていました。一人の生徒が次のように言いました。

「美術は好きです。先生が何をしたらよいかを言ってくれ、自分はそれをするだけですから……。とても簡単です」

授業のあと、画家が先生に尋ねました。

「あなたの生徒たちは、実際に絵を描かないのですか？」

すると、先生は次のように答えました。

「来年、生徒たちが取るコースは、高校で学ぶ『順番通りに色を塗る』(2)という授業の準備になります。生徒たちは、中学校や高校で学んだことを、社会に出てから応用できるようにします。つまり、絵の具やペンキにブラシを入れて染み込ませたり、拭き取ったりといったことです。もちろん、生徒たちの能力に応じて対応します。色のことやブラシの使い方を熟知している優れた生徒たちは、早くに塗りはじめます。また、優秀な生徒のみが履修可能な大学レベルの授業を受けて、大学の単位を取得することもできます。しかしながら私たちは、描くことや塗るといったことがどういうことなのかの基礎・基本を生徒たちが身につけることに焦点を当てています。それが押さえられていれば、生徒たちが社会に出て、たとえば自分の家の台所の壁や天井を塗るときに失敗をしなくて済むからです」

「その、高校で取る授業ですが……」

「『順番通りに色を塗るコース』のことですね。それを取る生徒は増えています。その理由は、子どもたちによい大学に入ってほしいという親たちの期待に影響されていると私は思っています。高校の内申書に、大学レベルの『順番通りに色を塗るコース』の単位を取得したという記録ほど見栄えのいいものはありませんから」

「なぜ、大学は順番通りに色を塗ることが大事だと捉えているのですか？」

「それが、頭脳明晰な、論理的な思考能力を示すからです。そして、もちろん、生徒がファッションやインテリア・デザインといった視覚的な学科を専攻するというのであれば、高校時代に必要な単位の一部を片づけてしまったほうがいいということもあります」

「生徒たちは、いつ、真っ白なキャンバスに自由に絵を描けるのですか？」

「あなたは、私の大学時代の教授の一人に似ていますね！　彼は、自分や自らの感情、そして抽象的なことなどを表現することに熱心でした。私は美術を専攻しましたが、真っ白なキャンバスに描いた経験はほとんどありません。今は、教育委員会が提供してくれる『順番通りに色を塗る教材』を使って授業をしています」

＊＊＊

不幸なことに、私たちが今行っている算数・数学教育は、まさにここで描かれた悪

（２）「順番通りに色を塗る」は、「paint-by-number kit」で検索するとたくさんの見本が見られます。「ペイント・バイ・ナンバー」は、絵を習ったことも描いたことがない人でも、番号順に塗るだけで傑作ができあがるキットのことです。

夢そのものです。逆に言えば、子どもたちがもっている好奇心や大好きなパターンを自分で認識する力を失わせることを目的とするならば、今行われている算数・数学教育以上のものはないでしょう。要するに、今の算数・数学教育以上に愚かで、死ぬほど退屈なやり方は考えられないということです。

みんな、何かがおかしいことには気づいています。政治家は「学力向上が大切だ」と言います。学校は「お金と教材が必要だ」と言います。教育学者や教師も、同じように必要なことを言っています。

しかしながら、みんな間違っています。真に何が起こっているのかを理解しているのは、いつも自分たちのせいにされ、その声を聞いてもらえない生徒たちなのです。生徒たちは、「算数・数学の授業は退屈で馬鹿らしい」と言っています。彼らは、まったくもって正しいのです。

2 数学者と社会

まず理解すべきことは、数学はアート（芸術）だということです。この数学とほかのアート（音楽や美術など）との違いは、社会全体が数学をアートだとは認めていないことにあります。誰もが、詩人・画家・音楽家は言葉やイメージや音の表現を通して芸術作品をつくり出していることを理解しています。そういえば、私たちの社会は創造的な表現に対してはとても寛大で、建築家や料理人、テレビのディレクターでさえ「アーティスト」として捉えています。そこに、なぜ数学者は含まれないのでしょうか？

問題の一端は、数学者が何をしているのかについて誰も理解していないことにあります。一般的には、数学者は自分がつくり出した公式で科学者を助けたり、大きな桁の数字をコンピュータに入力したりして、科学と関連するようなことをしている人たちというイメージがあります。もし、世界の人々を「詩的に夢を見る人たち」と「論理的に考える人たち」に分けるとしたら、ほとんどの人は数学者を後者に分類することでしょう。

しかし、数学ほど夢のようで、詩的で、さらには急進的で、破壊的で、幻想的なものはありません。物理や宇宙論と同じぐらいに刺激的で（数学者たちは、天文学者が発見するはるか前にブラックホールの存在を思いついていました）、詩や美術や音楽（これらはすべて物理的宇宙の特性に左右されています）よりも自由に表現できるのです。数学はもっとも純粋なアートであるにもかかわらず、もっとも誤解されている学問なのです。

これから、数学とは何か、数学者とは何をする人かを説明します。とはいえ、G・H・ハーディ(3)の引用を紹介する以外に、この説明をうまくする方法は浮かびません。

数学者は、画家や詩人と同様に、様式（パターーン）を作る。もし数学者の作る様式が画家や詩人のものよりずっと恒久的であるとしたら、それは「概念・内容（アイディア）」の織り成す様式だからである。

数学者は、座り込んでアイディアのパターンをつくり出しています。どのようなアイディアの？　どのようなパターンを？　動物のサイについてのアイディアでしょうか？　違います。サイについては生物学者に任せておきましょう。言語や社会についてのアイディアでしょうか？　それも違います。それらは、ほとんどの数学者の好みにとっては複雑すぎます。

もし、数学に統一的な原則のようなものがあったとしたら、それは「シンプルなものこそ美しい」となります。数学者は、もっともシンプルなものについて考えることを楽しみます。その、もっともシンプルなものというのは空想的なものなのです。

たとえば、もし私が図形について考えたい気分なら、長方形の枠の中に三角形があ

（3）（Godfrey Harold Hardy, 1877～1947）ケンブリッジ大学卒業後、長い間オックスフォード大学の講師を務め、その後、ケンブリッジ大学の教授となります。C・P・スノーとの共著である『ある数学者の生涯と弁明』（柳生孝昭訳、丸善出版、二〇一四年）がもっとも有名です。本文における引用文も、この本の二〇ページに書かれているものです。自ら生涯最大の業績は、インドの数学者シュリニヴァーサ・アイヤンガー・ラマヌジャン（Srinivasa Aiyangar Ramanujan, 1887～1920）を発見したことと述べていました。

図２　長方形

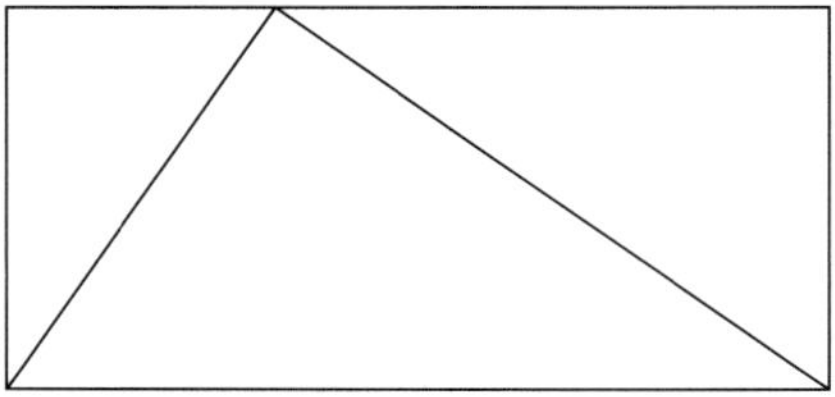

ると想像します（**図2**参照）。そして、長方形の枠において、三角形がどのくらい占めているのかを考えます。たぶん、三分の二ぐらいでしょうか。

大切なことは、長方形の枠の中に三角形を描くことについて話しているわけではないということです。もちろん、橋を補強するための三角形である金属製の筋交《すじか》い[4]について話しているわけでもありません。

ここには、隠された目的など一切ありません。私は遊んでいるだけです。それが数学です。ただ思いめぐらし、遊び、自分の想像力を使って楽しむだけです。何しろ、長方形の枠において三角形がどれくらい占めるのかという質問は、実際に存在している何かを表しているわけではないのですから。

たとえどんなに注意深くつくり出した物体としての三角形があっても、それはどうしようもないほどに複雑で、小刻みに動く原子の集まりであるうえに、そのサイズを毎秒変えています。もしも、あなたがおおよその寸法にこだわりがあるというのなら、こういう話になりえるということです。ここでは、「シンプルなものは美しい」(5)に基づいて判断します。とはいえ、それは簡単ではありません。現実の世界に細々とあるものにこだわりだしたら切りがなくなってしまうからです。そういうことは、科学者に任せておきましょう。

数学的な質問は、想像上の長方形の枠の中にある想像上の三角形についてです。私が望むとおり、完璧な長方形や三角形をここでは扱います。(6)つまり、私がそういう対象について考えたいということです。この「あなたの望むように対象を配置できる」というのは、数学ではとても大切なことです。あなたには、際限のない選択肢がある

(4) 柱と柱の間に斜めに入れて、建築物や足場の構造を補強する部材のことで、「筋交」「筋違」とも表記され、「ブレース(brace)」とも呼ばれています。構造体の耐震性を強める効果があります。

(5) 著者によると、これは茶道や囲碁や折り紙などにあるシンプルなものにある美しさに通じるものだそうです。

(6) 現実の世界に引っ張られると、原子の動きやうごめいている細菌のことなどを考えなければならなくなってしまい、完璧な図形は存在しなくなります。

のです。もっといえば、現実があなたの想像の妨げになることはない、ということです。

一方、選択をしたら（たとえば、私は左右対称の三角形を選択したかもしれません）、そのあとに考え出されることは、あなたが好むと好まざるとにかかわらず、その選択の影響を受けるということです。想像上のパターンをつくり出す際の素晴らしさは、彼ら（対象）のほうから語りかけてくるということです。三角形は、長方形の枠の中で面積というある一定の量をもっており、その量を私は一切コントロールできないのです。

すでに結果は出ています。それは三分の一かもしれませんし、違うかもしれませんが、私には選ぶことはできません。私にできるのは、それが何かを見つけ出すだけです。

私たちは、何でも欲しいものについて遊び、想像することができ、そしてそれについて質問をし、パターンを見つけ出すことができます。でも、私たちはどうやって質問に答えるのでしょうか？　その方法は、科学とは違います。試験管や道具を使って、想像上の発見が真実であると実験することはできません。想像上の真実を証明する方

図３

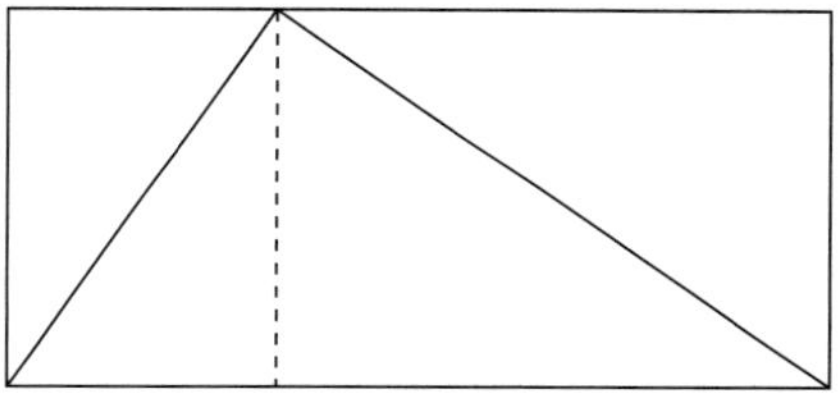

法は私たちの想像力しかなく、それにはかなりの努力が必要となります。

長方形の箱の枠の三角形の場合、私にはとても単純で魅力的なものが見えます。もし、長方形を点線で二つに切ったとしたら、三角形の二つの底辺で半分に分けられた二つの小さな長方形を見いだすことができます。これによって、三角形の中の面積はその外の面積と同じであることが分かります。その結果、元の三角形は長方形の枠のちょうど半分の面積を占めていることが分かります。

このことが、数学とはどのように見え、そして感じられるかを表してくれています。**図３**の説明として記した前段落の「考え聞かせ」[7]は、数学者が行うアートの例です。自分で考えた想像物に対して的確な質問をし、満足のいく、しかも美しい説明をつくり出すことです。単純に考えるだけでこれだけのことを成し遂げるというのは、ほかになかなか見当たりません。とても魅力的で、楽しく、そして自由です。

さて、私の考えはいったいどこから来たのでしょうか？　私はなぜ、三角形の頂点から下に線を引けばいいと思ったのでしょうか？　画家は、どこに絵筆を入れればいいと思うのでしょうか？　ひらめきでしょうか？　経験でしょうか？　試行錯誤でしょうか？　それとも、単なる気まぐれでしょうか？　それらを全部含めたものがアートと言えます。短いけれども、美しい詩や短歌をつくり出すのと同じように。

この種のアートは、人を素晴らしく変容させる要素をもっています。三角形と長方形の関係は謎でしたが、縦に加えた一本の点線がすべてを明らかにしたのです。最初はそれが見えませんでしたが、突然、見えたのです。どうしてかは分かりませんが、何もないところから、とても単純で美しいものをつくり出すことができたのです。しかも、その過程で私自身を変換することもできました。これこそがアートというものではないでしょうか。

以上のことと対比して、学校で行われている算数・数学のことを考えるととても悲痛な気持ちになります。右記のような、とても豊かで魅力的な想像上の冒険を、想像

図4

三角形の面積の公式：
面積＝ $b \times h \div 2$

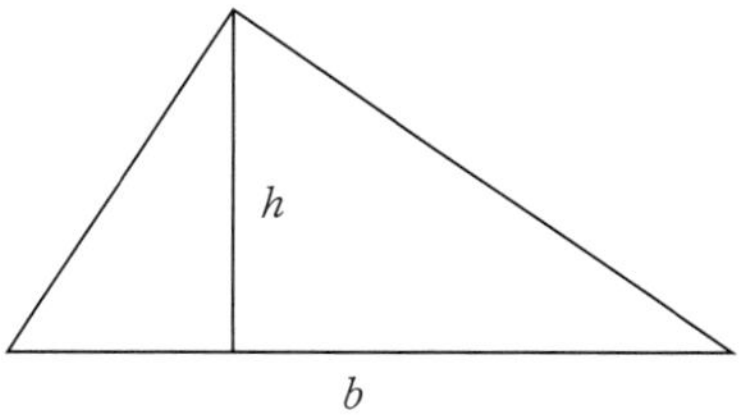

力のまったくない、事実の暗記や従うべき手順におとしめているのです。図形に関する単純で自然な質問や、創造的でとてもやりがいのある発明や発見のプロセスに代わって、生徒たちに提供されているのは「これ」なのです（**図4**参照）。「三角形の面積は、底辺×高さ÷2」、生徒たちはこの公式を暗記し、演習で何度も何度も適用することを求められます。創造的な過程につきものの興奮や楽しみ、苦しみや欲求不満は消失しています。何と、問題さえなくなっているのです。質問と答が同時に提示されているのですから、生徒たちにできることは何もないのです。

（7）頭の中で起こっている（考えている）ことを、そのまま語って聞かせたり、書き表したりすることです。この単純な方法が、国語や算数・数学を含めてあらゆる教育の場面でもっと使われるようになると、学びの質も量も、飛躍的に高まると思います。

私がいったい何に反対しているのかをはっきりさせましょう。公式や覚えないといけない事実について反対しているわけではありません。語彙を学ぶのと同じく、特定の状況においてはそれも必要なことです。それを知っていることで、より豊かで、繊細な作品をつくり出すことができますから。

しかしながら、大切な事実は、三角形が長方形の面積の半分を占めることではないのです。重要なことは、線によって長方形を切ることができるという素晴らしい考えであり、それがさらにほかの素晴らしい考えを引き出し、ほかの問題の創造的な解決につながる可能性があるということです。公式や事実では、こうしたことがもたらされることは絶対にありません。

創造的なプロセスを排除して、プロセスの結果だけを提供したところで、そのテーマに真剣に取り組める人がいないことを約束しているだけです。それは、作品を見ることなく、ミケランジェロは素晴らしい彫刻をつくったと言っているようなものです。私は、いったいどうやって感動したらいいのでしょうか？（このやり方は、さらなる問題をはらんでいます。私には鑑賞するに値する彫刻が存在し、しかも私は、それを見ることを妨げられているという事実を理解するからです。）

「何」に焦点を当て、「なぜ」を排除してしまったことで、学校での算数・数学は抜け殻になってしまいました。アートは真実にあるのではなく、説明や根拠にあります。根拠こそが真実にコンテキスト（状況）を与えます。そして、何が本当に示され、それがどういう意味だったのかを決定します。

算数・数学は説明のアートです。生徒たちからそれに取り組む（自らの質問をし、予想や発見を出し、間違え、創造的に挫折し、ひらめきをもち、そして自分の説明や証明をまとめる）機会を奪い去ってしまったら、数学自体をさせないということを意味してしまいます。私は、算数・数学の授業で事実や公式を使うことを問題にしているのではなく、算数・数学の授業において数学が欠落していることを問題にしているのです。

もし、図工・美術の教師が、あなたに「絵を描くことは番号の振られたスペースを埋めること」だと言ったなら、あなたは「何かがおかしい」と気づくことでしょう。それは、博物館やギャラリー、あるいはあなたの自宅に飾られている芸術作品が存在し、絵画というものは、画家の思いを表現する媒体だと広く社会で理解されているからです。

同じように、理科の教師があなたに「天文学は、生まれた日でその人の未来を予言することだ」と言ったなら、あなたは「その教師はおかしい」と思うでしょう。科学の知識は人々の暮らしのなかに入り込んで、誰もが原子や銀河や自然の法則を知っています。しかしながら、算数・数学の教師があなたに、「数学は公式や定義や手順を暗記することだ」という印象を与えたとき、それに対して「おかしい」と気づくことができるでしょうか？

悪しき習慣は、半永久的に続く怪物なのです。生徒たちは、算数・数学を教師から教わります。そして、その教師たちは彼らの先生から学んできました。したがって、社会のなかにおける数学に対する理解と価値の認識の欠如は際限なく繰り返されることになります。さらに悪いことに、この「偽の数学」の永続化、つまり思考が欠落した正解当てっこゲームとしての算数・数学は、それ自体が独自の文化や価値観をつくり出しているということです。正解当てっこゲームで巧みになれれば、自尊感情を高めることも、成功体験を得ることもできます。

そういう人たちが一番聞きたくないことは、数学が、本当は個々人に本能的に備わっている創造的なものをつくりたいという欲求や美しさに対する感受性だということです。一〇年以上にわたって「数学が得意だ」と言われ続けた多くの大学院生が、実際には真の数学的な素質は何ももっておらず、ただ指示に従っていたことに気づいたときに悲しい思いをしています。数学は、決して指示に従うことではなく、新しい方向をつくり出すものなのです。

そういえば、学校に欠落している算数・数学に対する批判的な見方について、私はまだ触れていませんでした。

いかなる文学と同じように、数学も自分たちの娯楽としてつくり出されたものであること、数学の業績はすべてが批判的な評価の対象であること、人はそれぞれの数学的な好みをもち、そして育てることができることなどについて、生徒たちには知らされていません。一つの数学作品は、詩と同じで、私たちの美しさの基準を満たしてくれるものか否かを、次のような質問をすることで問うことができます。

- この証明は理にかなっているか？
- つじつまが合っているか？
- 単純で明快か？
- 核心を突いているか？

学校では、このような批判的なスタンスは取られていません。批判精神なしのアートは存在しないのです。

なぜ私たちは、子どもたちに「算数・数学をする」ことをさせたくないのでしょうか？　子どもたちを信頼していないからでしょうか？　それとも、それが難しすぎると思っているからでしょうか？　私たちは、子どもたちが歴史の学習においてナポレオンに関する議論を行い、自分なりの解釈をもてると信じています。にもかかわらず、三角形に対してはどうして無理なのでしょうか？

それは、数学が何であるかを私たちの社会が理解していないからだと私は思っています。数学の一般的なイメージは、数学がとても客観的なもので、しかも専門的なものであり、誰もが理解できるものではないというものです。かなり疑わしいイメージですが、きわめて「自己実現的な予言」(8)として機能しています。

社会が数学について無知であるというのは決してよいことではないのですが、さらに悪いのは、本当は知っていないにもかかわらず知っていると思い込んでいることです。それは、社会にとっては役立つものである、という誤解のことです。この点が、数学とほかのアートの表現方法と著しく異なっているところです。

数学は、科学やテクノロジーにおいて役に立つツールだと一般的には思われています。一方、詩や音楽は、純粋に楽しみ、気持ちを高めるために存在することを誰もが知っています。このことは、学校のカリキュラムのなかにおいて軽視されていることからも分かると思います。しかし、算数・数学は違うのです。とても重要なのです。

シンプリチオ (Simplicio)　あなたは、本当に数学が社会に役立ったり、実用的に応用されることはないと言っているのですか?

サルヴィアチ (Salviati)　もちろん、そうではありません。私が言いたいのは、実用的に役立つからといって、それが数学のありようを示しているとはかぎらないということです。音楽は軍隊を戦場に送り出します。だからといって、人は交響曲を作曲するのではありません。ミケランジェロは天井に絵を描きましたが、どんな高慢な考えを彼がもっていたかは誰にも分かりません。

シンプリチオ　でも、本当に、数学が提供してくれている役立つものを私たちは学ば

---

(8) 「自分が考えたこと、信じたことが現実になる」という意味です。

なくていいのでしょうか？　会計士や大工などには必要ないのでしょうか？

サルヴィアチ　学校で学ぶとされている「実用的な算数・数学」をいったいどれだけの人が使っていますか？　あなたは、大工さんたちが仕事で三角法を本当に使っていると思いますか？　何人の大人が、分数の割り算や二次方程式の解き方を覚えていると思いますか？

明らかに、今行われている算数・数学教育が機能しているとは言えません。それには正当な理由がありません。それは耐え難いほど退屈ですし、

訳者Column　シンプリチオとサルヴィアチの由来

本書に登場するシンプリチオとサルヴィアチは、ガリレオ・ガリレイが『天文対話』（1632年）のなかで、自分の説を紹介するのに使った登場人物たちに引っ掛けています。シンプリチオは、アリストテレス主義者で「悪意のかけらもない人」として描かれていました。一方、サルヴィアチはガリレオの分身です。ここには登場しないサグレドは、サルヴィアチの議論を補佐する役が与えられていました。この三人の対話という形式をとることで、『天文対話』は科学史上の重要な著作というだけでなく、文学的な傑出した作品としても仕上がっています。これをまねて、著者は本書の演出効果を高めています。

誰も使うことがないからです。にもかかわらず、人びとが算数・数学は大切だと思うのはどうしてでしょうか?

多くの人が代数の公式や幾何学的な図をうっすらとしか覚えておらず、しかも算数・数学に嫌悪感を抱くようなことをしているのですから、私は社会に対して貢献しているとはまったく思えません。でも、美しいものを見せたり、創造的で、柔軟で、オープンに思考できる機会を提供することには価値があると思っています。それこそが、本当の算数・数学教育と言えるものです。

シンプリチオ でも、人は小切手帳の残高を計算できないとまずいですよね?

サルヴィアチ 日常の計算には、みんな電卓を使っているでしょう。レジなどでは、すでに自動釣り銭機能を導入しているところすらあります。それがよいに決まっています。そのほうが簡単ですし、間違いもないのですから。私が言いたいのは、今行われていることがとてもおかしいというだけでなく、とても素晴らしいことを排除しているということです。

私は、数学はアートの目的をもって、アートとして教えられるべきだと思っています。日常的に役立つ部分は、あくまでも些細な副産物として捉えたほうがいいのです。ベートーヴェンにとってコマーシャル・ソングを作曲するのは容易ですが、彼が音楽を学んだのは、何か美しいものをつくり出したいという欲求があったからです。

シンプリチオ　でも、誰もがアーティストに向いているわけではないでしょう。数学が得意でない子どもはどうするのですか？　そのような子どもたちは、あなたの考えにどのように適合するのですか？

サルヴィアチ　もし、みんなが、チャレンジしがいのある面白さと、予期しない驚きや発見を含めた数学本来の状態に接することができたなら、算数・数学に対する生徒たちの見方と、算数・数学が得意であるという捉え方の両方が劇的に変わることになるでしょう。

今行われている算数・数学教育によって、潜在的に才能があり、創造的で、知的な本来の数学者をたくさん失っています。生徒たちは、意味が感じられず、想像力も使わない教科を当然のごとく拒否します。彼らは、ナンセンスなことに時間を費やすことなどしたくないのです。

シンプリチオ　でも、もし算数・数学の授業を美術の授業のようにしたら、多くの子どもは何も学ばないとは思いませんか？

サルヴィアチ　今現在、彼らは何も学んでいないでしょう。今していることを続けるなら、何もしないほうがマシです。そうすれば、人数は少なくても、ごく一部の人が自分で美しい何かを発見するチャンスをもつことになるでしょう。

シンプリチオ　では、学校から算数・数学を排除するのですか？

サルヴィアチ　すでに数学は排除されています！　残っているのは、つまらなくて、内容のない形だけのものをどうしたらいいかという問題だけです。もちろん私は、数学的な考えに積極的に、しかも楽しみながら取り組めるものと取り替えられたらいいと思っています。

シンプリチオ　でも、算数・数学教師のどれくらいが、そのような教え方をできるだけの知識や方法をもっているのでしょうか？

サルヴィアチ　とても少ないでしょう。しかもそれは、問題となっている氷山の一角にすぎません。

（二人の対話は、このあとも続きます）

3　学校の算数・数学

学校で必須科目にすること以上に、その教科に対する熱意や興味を奪い去る確実な方法はないでしょう。さらに、学力テストの教科に加えるということであれば、教育体制がその教科の生気を吸い取る、つまり活力を失わせることを実質的に保証したことになります。

教育委員会は、算数・数学が何であるかをまったく理解していません。同じように、数学教育の研究者も、教科書の執筆者も、出版社もです。そして、悲しいことですが、ほとんどの教師も理解していません。問題の範囲があまりにも大きすぎて、私はどこから話しはじめればいいのか見当もつきません。

まずは、「数学改革」の論争からはじめましょう。長年にわたって、数学教育の何かがおかしいという意識は高まっています。問題を改善するために、たくさんの調査研究が委託され、会議が招集され、そして数え切れないほどの委員会が、教師や教科書出版社、そして数学教育の研究者たちによって開かれています。数学改革の名のもとに利己的な利益を追求する教科書出版社（いかなる政策的な変動があろうとも、まったく読み物としての価値がない教科書は、新しい版を出版することで利益を上げられるという構造になっています）はさておくとして、改革の歴史は焦点がずれ続けてきました。算数・数学のカリキュラムは、改革する必要があるのではなく、一度破壊されるべきなのです。

どのテーマをどのような順番で教えたらいいか、その表記法ではなくてこっちの表記法がいいとか、どこのメーカーのどのモデルの電卓がいいとかといったことに時間

(9) アメリカにおいて、公教育における主たる権限と責任を担っているのは各教育委員会ですが、日本の場合は文部科学省ですから、「文部科学省」と訳すべきだったかもしれません。

(10) 日本でも、学力低下論争をきっかけに生徒や学生たちがいかに算数・数学ができないかというやり取りはありましたが、教え方に関する論争も、数学教育がおかしいという意識も、改革が必要だという話も出てきませんでした。算数・数学嫌いになる子どもの割合がかなり高かったり、算数・数学が分かる、あるいはできる子どもが決して多くはないにもかかわらず、です（ちなみに、ほかの教科も状況は同じです！）。

とエネルギーを費やし続けているのですからあきれてしまいます。行っていることは、沈没間近のタイタニック号の甲板でデッキチェアを並べ替えているようなものです。

数学は理性の音楽です。[11]「数学をする」ということは、①発見と予想、直観とひらめきなどの行為をすることであり、②（まったく何が何だか分からないからではなくて、あなた自身が意味を与えたにもかかわらず、最終的に何をつくり出すのかまだ分かっていないので）混乱のなかに身を置くことであり、③画期的な考えを思いついたり、④アーティストとしてくじけたり、挫折したり、失望したり、⑤痛々しいほどの美しさに畏敬の念を起こさせたり、圧倒されたり、そして⑥生き生きと意味のある形で学べること、です。

これらを数学から取り去って、教師や教育者たちが算数・数学教育をよくするためにいくら会議をもったところで時間の無駄なのです。患者がすでに死んでいるのに、手術をやり続ける医者がどこにいますか！

改革の動きのなかでもっとも悲しい部分は、「算数・数学を面白くする」と「子どもたちの生活に関連づける」という二つの試みです。数学を面白くしようとする必要はないのです。なぜなら、すでに十分すぎるぐらいに面白いのですから。そして、日常生活との関連のなさこそがまさに数学の栄光なのです。だからこそ楽しいのです。

日々の生活と関連性をもたせようとすると、取り繕ったり、嘘っぽくなったりします。

「みなさん、代数を知っていれば、マリアの年を計算することができます。もし、七年前に彼女が自分の年齢の二倍よりも二歳上だったとしたら、マリアは今何歳でしょうか?」(ある人に関して複雑な情報をもっているのに、実際の年齢を知らないなんてことはあり得るのでしょうか? しかも、誰もそんな不自然で、しかも意味のない質問をすることはありません!)

代数は、日々の生活の学問ではありません。数字と対称についてです。そして、それ自体を追求することに価値があるのです。

問題　特定の二つの数字の和と差が与えられていたとき、その二つの数字はどうやって算出できるでしょうか?

---

(11) つまり、自然と社会を貫くパターンを認識するのが数学ということです。

これは、簡潔で美しい問題です。そして、魅力的なものにする一切の努力も必要ありません。四大文明の一つに住んだバビロニア人たちは、こうした問題を解くことを楽しんだそうです。そして、私たちの生徒も楽しむことでしょう（読者のあなたも楽しんでくれたらいいのですが……）。

数学を関連づけるために努力をする必要はないのです。数学は、音楽や美術などのアートと同じレベルの関連性をもっています。それをすること自体が、意味のある体験なのです。

どんな場合でも、子どもたちは自らの生活との関連づけを求めていると思いますか？　また、複利計算のような実用的な何かが子どもたちを興奮させると思いますか？　人はファンタジー（空想）を楽しみます。それこそが、数学の提供できることなのです。日々の生活における気晴らしなのです。そして、日々の現実的な暮らしに対する鎮痛剤なのです。

似たような問題は、教師や教科書が真の中身を扱うのではなくて、見せかけの面白さや必要以上に易しくしてしまうことによっても起こります。(12) それは、数学恐怖症（これ自体、学校によってつくり出された疾患の一つなのです！）を解消しようとして、数学をとっつきやすいものにしようとします。

たとえば、生徒たちが円周と円の面積の公式を覚えるのを助けようとして、ミセスAの周りをグルグルと回るミスターCのストーリーをつくり出し、そのなかで、ミスターCが二つのパイの素晴らしさ（$C = 2\pi r$）と彼女のパイは2乗（$A = \pi r^2$）のような、まったく馬鹿げた話をするようなものです。

それによって、本当のストーリーはどうなってしまうのでしょうか？　人類が円について長年にわたって知ろうとしてきた歴史について、エウドクソスやアルキメデス、取り尽くし法(13)について、超越数(14)としての「π」について、などです。

---

(12)　これは、生徒たちを見下した行為であり、結果的に気の抜けたつまらない問題にすり替えてしまっています。

(13)　取り尽くし法とは、本文（次の段落）に記されている円に内接するマス目の数を計って、それらの面積を元の図形に収束させる方法です。

(14)　古代ギリシャのピタゴラス学派は、$\sqrt{2}$や黄金比を発見し、それらが無理数（分数で表せない数）であることを知って驚きましたが、超越数（代数的無理数でない無理数。すなわち、有理数を係数にもつ代数方程式の根とはなりえない無理数）の研究が本格的にはじまったのは、一八四四年、リューヴィルによる超越数の発見以後のことです。

まったく説明なしで与えられた式を使って、方眼紙に描かれた円に内接するマス目の数を計る（しかも、式を暗記させられたうえに、繰り返し練習をさせられる）こと、もっとも美しく魅力的な問題であり、人類史上もっとも光り輝き、影響力のある考えの発見の歴史について聞くことの、どちらがより面白いでしょうか？　私たちは、子どもたちの円についての興味を台無しにしているのです。

私たちは、なぜ子どもたちにこうしたことについて知る機会を提供しないのでしょうか？　円周や円の面積を含めて、自分たちで算数・数学をする機会のことです。そうすれば、子どもたちは自分の考えや反応

訳者Column　**古代ギリシャの偉大な二人の数学者**

エウドクソスは、紀元前４世紀の古代ギリシャの数学者、天文学者です。エジプトで長く暮らし、のちにアテネに移住しました。彼は、天動説を唱えました。円錐の体積は、同じ半径、同じ高さの円柱の体積の３分の１になることも証明しました。

アルキメデスは、紀元前３世紀の古代ギリシャの数学者、物理学者、技術者、発明家、天文学者です。彼は、ギリシャではなく、シチリア島（イタリア）のシラクサに住んでいました。円周率の近似値計算を含めて、アルキメデスは史上稀な、偉大なる古代の数学者という評価を受けています。

を示すことができます。関連する歴史や思想、そのテーマの発展過程やその素晴らしさ、そして今抱えている現状などについてまったく触れずに教えられている教科が算数・数学以外にあるでしょうか？[15] 歴史上もっとも創造的な人物によってつくられた素晴らしい作品を使うことなく、三流としか言いようのない教科書[16]で満足している教科はほかにあるのでしょうか？

学校の算数・数学において、最大の課題は問題そのものがないことです。算数・数学の授業で問題として扱われているのは、「退屈な練習問題」なのです。

「これが問題です。これがその解き方です。はい、テストに出ます。一〜三五問の奇数番号を宿題とします」

なんと悲しい算数・数学を学ぶ方法なのでしょうか。まるで、トレーニングを受け

(15) 日本では、すべての教科が当てはまってしまうような気がします。音楽や美術などといった実技系は、少しマシかもしれません。

(16) 教科書の質が悪いのは、洋の東西を問わないようです。誰が書いたのか明記されておらず、妥協の産物や分担執筆の形で書かれたものが多く、執筆者が相互に磨き合うことがないので、退屈で、つまらないものの代名詞として教科書は存在し続けています。

ているチンパンジーのようです。
問題、つまり本物の（純粋に自然で人間的な）問題はまったく別のものです。
•立方体の対角線の長さは？
•素数はかぎりなく続くのか？
•無限大は数字か？
•同じパターンを使って床にタイルを敷く方法は何通りあるか？

数学の歴史は、このような問題に取り組んできた人類の歴史でもあるのです。不自然な練習問題とセットで行われるくだらない公式や手順を、理解もせずに反復することではありません。

よい問題とは、あなたが解き方を知らない問題のことです。だからこそ思案するわけですし、そのよい機会を提供してくれます。よい問題は、独立して存在しているわけではなく、ほかの面白い問題へのジャンプ台という役割も果たします。

先に述べた三角形は、長方形の枠の半分を占めていました。それでは、三次元の箱の中にあるピラミッドはどうでしょうか？　この問題は同じように扱えるでしょうか？

特定の方法を身につけるために、生徒たちに練習をさせることは理解できます。私も、そうすることがありますから。でも、それ自体を目的にしてやることはありません。数学の方法は、ほかのいかなるアートと同じように、コンテキスト（状況）のなかで学ばれるべきです。よい問題には、その背景となる歴史、そして創造的なプロセスがあります。

あなたの生徒たちによい問題を提供してください。そして、もがき、欲求不満も味あわせてあげてください。そして、何を考え出すのかを見るのです。生徒たちがヒントを求めるまで待ちます。そうしたら、方法を紹介します。ただし、全部ではなく一部だけです。(17)

指導案も、ＯＨＰも、教科書もしまって、単純に生徒たちと一緒に算数・数学をしてみてください。美術の教師たちは、教科書や特定の方法を意味もなく覚えることに

(17)　図工や美術、技術家庭、体育の教え方は、こういうアプローチを取ることが多いように思います。それに対して主要教科は与えすぎているような気がします。それも、コンテキストがないなかで。

無駄な時間は割きません。彼女たちは、教科にとってベストな方法を選んでいます。つまり、子どもたちに描かせるという方法です。イーゼルからイーゼルの間を歩き回って、最低限の、必要とされるアドバイスや指導をしているだけです。

図５

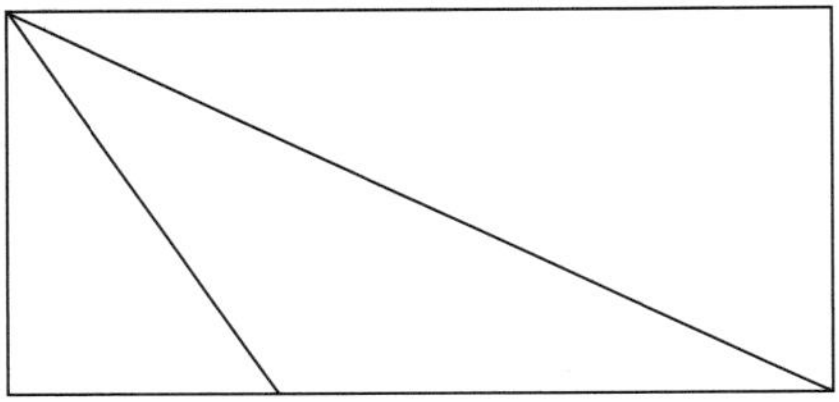

生徒　ずっと三角形の問題を考えていて、あることに気がつきました。もし、三角形が**図5**のように斜めになっていたら、面積は長方形の半分を占めません。

教師　とてもいい発見です！　私たちがやった上下に切る方法は、三角形の底辺が長方形（枠）の底辺と同じ場合には使えるということですね。ほかにも考えてみたらどうかな？

生徒　ほかに、切る方法を考えてみるべきですか？

教師　もちろんです。あらゆる方法を試してみてください。そして、何か発見したら教えてね。

では、どのようにして、生徒たちに算数・数学をするように教えられるのでしょうか。生徒たちの好みや性格、これまでの体験に応じた、無理に加工していない取り組みがいのある問題を選ぶことによってそれはできます。たとえば、以下のような方法があります。

❶発見し、予想する時間を提供することによって。
❷証明に磨きをかけられるようにサポートすることによって。
❸健全で、活気のあるやり取りが展開する雰囲気をつくり出すことによって。
❹生徒たちの好奇心が突然別の方向に変わっても、柔軟かつオープンに対応することによって。

要するに、生徒たちと算数・数学という教科が正直かつ理性的な関係を築くことによって可能となるのです。もちろん、私が提案していることは、いくつかの理由で不可能なことも知っています。たとえ教科書と学力テストの存在が教師の自立をきわめて難しくしていることを脇に置いたとしても、ほとんどの教師がそのような強固な関係を生徒たちともちたがるとは思っていません。それは、自分の弱さをさらけ出すこと責任感を伴うからです。要するに、手がかかり過ぎるということです。

自らが担当している教科のもっている意味を深くじっくりと考え、それをそのまま正直に生徒たちに提供する方法を模索するよりも、受動的に教科書をカバーして、講義とテストを繰り返していたほうがはるかに楽です。自分の理想を追求するよりも、言われたとおりに大人しくやり続けるというのがもっとも楽な選択なのです。

問題　教科書出版社と教師の関係を以下から選べ。(18)

（a）製薬会社と医者との関係
（b）レコード会社とディスクジョッキーの関係
（c）大企業と政治家との関係
（d）上記すべてを含んだ関係

算数・数学が面倒なのは、絵画や詩と同じく、とても創造的な、大変な作業を伴うからです。それは、教えることをとても難しくします。算数・数学は、ゆっくりした熟考のプロセスなのです。芸術作品をつくり出すには時間がかかりますし、それを教師が評価することも容易なことではありません。もちろん、意欲的な若いアーティストを指導するよりも、決まったルールを掲げたほうが楽です。自分の主張を込めた本を書くよりも、ＤＶＤデッキの取扱説明書を書くほうが楽なのと同じです。

算数・数学はアートです。アートは、実際に取り組んでいるアーティストによって教えられるべきです。少なくとも、そのアートを面白く味わうことができ、それを観たときに認識できる人たちによってです。

音楽を習うとき、必ずしもプロの作曲家から学ぶ必要はありませんが、あなたもしくはあなたのお子さんは、楽器を演奏せず、暮らしのなかで音楽を聴かない人から音楽を学びたいと思いますか？　絵筆を持ったこともなく、美術館を訪ねたこともない人を、あなたの絵画の教師として受け入れることができますか？

自分オリジナルの数学の作品を考え出したことがなかったり、数学の歴史、思想、

---

(18)「この選択式の問題が、なぜここにあるのか？」と著者に尋ねたところ、「これは、ジョークです。よく、テストで子どもたちにさせていることなのですが、実は教師たちも選択が与えられておらず、言われたとおりにこなすことを強要されています」という返事が戻ってきました。

そして最近の傾向について何も知らなかったり、教科書をカバーすることしか知らない算数・数学の教師を受け入れてしまうのでしょうか？　そもそも、自分がしたこともないことを教えることなどはできるのでしょうか？

私はダンスができません。したがって、ダンスのクラスで教えることなど考えられません（もちろん、試すことはできますが、心地よいものではないでしょう）。大切なことは、私がダンスはできないということを認識していることです。ダンスについての用語を知っているからというだけで、「私はダンスがうまい」などと言う人は一人としていません。

私は、算数・数学の教師はプロの数学者であるべきだ、などと言おうとしているのではありません。でも、算数・数学の教師は少なくとも数学が何であるかを理解し、それが得意で、そして楽しんで授業を行っている必要があるとは思いませんか？(19)

もし、教えることが単なる情報の伝達になってしまったら、もし、興奮とワクワク感がなかったら、もし、教師自身が情報の単なる受け手で、新しい考えの創出者ではなかったら、どんな期待を生徒たちにもつことができるでしょうか。もし、教師にとって分数を足すことが単なるルールでしかなく、創造的な過程の結果でも、選択や期待の結果でもなかったら、その教師が教える生徒たちもまったく同じことを味わうことになるでしょう。

教えることは、情報の伝達ではありません。それは、自分の生徒たちと、誠実で理性的な関係をもつことです。それには、方法も、ツールも、トレーニングも必要ありません。ただ誠実であることだけが求められます。もし、誠実になれないなら、素朴な子どもたちに何かをさせるような権利はないということです。

誰かに教え方を教えることはできません。教育学部の存在自体が完全なるまやかしです(20)。もちろん、幼児期の発達などについての授業を受けることはできますし、黒板

---

(19) これは、数学だけでなくほかの教科にも同じことが言えます。でも、「すべての教科を教えなければならない小学校の教師には、どこまで期待できるのでしょうか?」という質問を著者に投げかけてみたところ、「おっしゃるとおりですね。とはいえ、それら（数学が何であるかを理解し、得意で、楽しんでしていること・訳者補記）がなかったら、真の意味で教えることや学ぶことは存在せず、単に服従することのトレーニングをやり続けることしかないではありませんか。そのような行為は、マイナスの結果をつくり出すだけです。残念ながら、世界中で行われていることですが……」という回答が戻ってきました。

(20) 誤った前提によって存在しているもの、という意味です。

の効果的な使い方や指導案の書き方のトレーニングを受けることもできます（ちなみに、指導案は事前に計画するものなので、まやかしであることを証明したようなものです）が、もし誠実な人間になれないなら、誠実な教師になることはできません。教えるということは、心が開かれており、正直であること、そして興奮や向学心を共有できることを意味します。これらがなかったならば、世界中の教育の学位をもっていても何の意味もないでしょう。逆に、誠実な姿勢があるのなら学位は必要ないでしょう。[21]

とても単純なのです。生徒たちは宇宙人ではありません。彼らは、美しさとパターン（二〇〜二一ページ参照）に反応し、誰もが好奇心をもっています。話してみればいいのです。そして、より大事なのは、彼らが言っていることに耳を傾けることです。

シンプリチオ　分かりました。数学はアートだということと、私たちはそれを生徒たちに体験させるという点で、よい仕事ができていないことは理解できました。でも、それを私たちの学校に期待することはきわめて難しく、しかも高尚すぎると思いませんか？　私たちは思想家を育てようとしているのではなく、社会で機能するレベルの基本的な計算ができるようにすることを目的としていますから。

サルヴィアチ　それは正確ではありません。学校で教えている算数・数学は社会で役立つこととは関係ないもの（たとえば、代数や三角法など）を扱っています。多くのテーマは、日々の生活とはまったく関係がありません。もし、そうしたテーマを数学の基礎・基本として含めるのであれば、本質的で、しかも自然な形で扱うべきだということを私は提案しています。

また、前にも言ったように、ある教科が日常的な使い道があるからといって、そのことを教えたり、学んだりするときの焦点に据える必要はありません。車両登録や運転免許を取得するときの用紙に記入するために読む力が必要なことは分かっていますが、そのためだけに子どもたちに読み方を教えるわけではありません。子どもたちが、美しく、意味のある考えに触れるという高尚な目的を可能にするために、私たちは読むことを教えているのです。小学三年生に、注文書や納

(21)　このあたりに書かれていることは、夏目漱石の『坊っちゃん』に描かれている主人公を思い出させてくれます。

税申告書を埋めさせるために、それらを読めるように教えることは悲劇ですし、機能もしないでしょう。

私たちが物事を学ぶのは、今それらに対して興味があるからであって、あとになって役立つかもしれないからではありません。残念ながら、私たちが算数・数学の授業でしていることは、まさにそういうことなのです。

シンプリチオ でも、計算ができる小学三年生を必要としていませんか？

サルヴィアチ どうしてですか？「427＋389」の計算ができるように訓練したいのですか？ そんな質問を、多くの八歳児はしません。ついでに言うと、小数点の位取りの計算ができる大人も多くないのに、三年生にそのようなことを期待するのですか？ それとも、あなたは子どもたちが理解しているかどうかは気にならないのですか？

三年生にとって、そんな内容は早すぎます。もちろん、やればできないことはありませんが、得るものよりも失うもののほうが多いでしょう。数字に対する自然な好奇心がわいてくるのを待ったほうが得策です。

シンプリチオ それでは、小さい子どもたちの算数の授業においては何をしたらいいのですか？

サルヴィアチ　ゲームをすればいいのです。チェスや囲碁、ボードゲームのヘックスやバックギャモン、レクリエーション数学ゲームのスプラウツとニムなどをしてください。あるいは、パズルをしたり、ゲームをつくるのもいいでしょう。要するに、演繹《えんえき》的な思考が必要な状況に触れるようにしてほしいのです。式や問題の解き方は気にせず、主体的で創造的な数学の思考者になれるように助けてあげてください。

シンプリチオ　大きなリスクを冒しているような気がするのですが……。計算を軽視することで、子どもたちが足し算や引き算ができなくなってしまったらどうするのですか？

サルヴィアチ　「明日の労働者を今日準備する」のキャッチフレーズのもと、子どもたちの役割として年号や式、そして語彙を暗記させ、理解もしていないのにテストでそれらを吐き出させるような、創造的な表現を排除した学校をつくってしまうほうがはるかに大きなリスクです。

シンプリチオ　でも、それなりに教育を受けた人が知っていなければならない数学の

訳者Column　数学ゲーム

①ヘックス（Hex）

６角形が並んだ菱形状のボードを使って、２人で対戦するゲームです。盤の大きさは「11×11」が１般的で、「13×13」や囲碁と同じ「19×19」なども使用されています。数学者のジョン・ナッシュ（ゲームの考案者の１人）は、「14×14」が適正であるとしています。

②スプラウツ（Sprouts）

紙とペンだけでできる数学ゲームです。線が次々に付け加わっていく様が、まるで芽生えのように見えるので、こう呼ばれるようになったそうです。このゲームは、1967年２月11日（火曜日）の午後に、ケンブリッジ大学内にあるシドニー・サセックス・カレッジの数学者ジョン・コンウェイ教授と、当時学生だったマイケル・パターソン氏の合作で生まれました。たまたまその日、２人が数学科の集会室でお茶を飲んだあと、新しいゲームのいたずら書きをしていたときに何となく生まれたそうです。数学者らしく、コンウェイ教授はすぐさまこの解法を分析し、ルールをいろいろ変えてみて現在のルールに落ちついたそうです（坂根厳夫著『遊びの博物誌』朝日新聞社刊、1977年、76～78ページ参照。１部改変）。ネットで、「スプラウツ数学ゲーム」と検索するとやり方が見つかります。また、「Sprouts Math Game」「Game of Sprouts」「Sprouts Game」で検索すると、やり方を説明したビデオがYouTube（英語）で見られます。

③ニム（Nim）

ルーツは古代中国からあるとされており、16世紀初めの西欧で基本ルールが完成しました。「ニム数学ゲーム」で検索するとやり方が見つかります。

知識はあるんじゃありませんか？

サルヴィアチ　はい、そのなかでもっとも大切なことは、数学はアートで、人類の楽しみのために存在するということです。そして、もちろん、数字や図形についての基本的なことを知っていたらなおいいでしょうね。でも、それが、丸暗記やドリル、そして一方的な講義や繰り返しの結果であってはまずいのです。子どもたちは、行うことを通して学び、そして自らにとって意味のあることを記憶するのですから。

何百万人という大人が、「2*a*分のマイナス*b*、プラスマイナス、ルート、*b*の2乗、マイナス4*ac*」(22)をそらんじることはできたとしても、それが意味することを分かっている人はほんのわずかしかいません。その理由は、自分たちがそれを発見したり、つくり出す機会を提供されたことがないからです。考えるに値し、なかなかできなくてイライラしたり、解法を自分でつくり出したいと思えるような、本当に興味をそそられる問題を提示されたことがないからです。

---

(22)　要するに、二次方程式の解の公式のことです。$x=\dfrac{-b\pm\sqrt{b^2-4ac}}{2a}$

もっといえば、古代バビロニア数学が書かれた粘土板、古代エジプトの数学文書が書かれた「リンド数学パピルス」[23]、フィボナッチ[24]によって書かれた『算盤の書』、同じくイタリア人のジェロラモ・カルダーノが著した代数学の歴史的な書物の『アルス・マグナ』などを含めて、人類の数字との関係史について尋ねられたこともありません。何よりも致命的なのは、尋ねる前にすでに答えが明らかなのですから、問題に対して好奇心をもつ機会が提供されていないことです。

シンプリチオ　でも、すべての生徒が自分で数学を発見する時間はありません！　ピタゴラスの定理を発見するのに数世紀もかかっているのですから。そんなことを、平均的な子どもに期待できるのですか？[25]

サルヴィアチ　いや、無理です。はっきりさせましょう。数学のカリキュラムのなかに、アートも、発見も、歴史も、哲学も、意味のあるコンテキスト（状況）も、視点もまったくないことに私は不満があるのです。式や問題の解き方、または基礎・基本が必要ないと言っているわけではないのです。もちろん、それらは必要なことです。ただ、両方が必要だと言いたいのです。振り子が一方に偏りすぎているのに反対しているだけで、もう一方の端に行くべきだと主張しているわけではありません。

でも、実際のところ、自らが行う過程（プロセス）のなかから結果が出たほうが人はよく学べるものです。詩をたくさん暗記したからといって真に詩の鑑賞力がつくわけではありません。自分で詩を書くことでそのような力がつくのです。

シンプリチオ　そのとおりですね。でも、自分の詩が書けるようになる前に、文字を学ばなければなりません。つまり、プロセスには必ずスタートとなることがあります。走る前に、歩けるようにならなければなりませんよね。

サルヴィアチ　違います。あなたが走っていきたくなる何かが必要なんです。子ども

(23)（Leonardo Fibonacci, Leonardo Pisano, 1170?～1250?）中世でもっとも才能があったと評価されるイタリアの数学者です。本名は、レオナルド・ダ・ピサ（ピサのレオナルド）です。

(24)（Gerolamo Cardano, 1501～1576）ジローラモ・カルダーノ（Girolamo Cardano）という表記もあります。イタリアのミラノで生まれてローマで没した数学者です。本業は医者ですが、占星術師、賭博師、哲学者でもありました。

(25) ピタゴラスの定理の証明法はいくつあるかご存じですか？　なんと、四〇〇を超えるものがすでに知られており、その数はなお増え続けているのです（『ピタゴラスの定理──四〇〇〇年の歴史』E・マオール／伊理由美訳、岩波書店、二〇〇八年、参照）。

たちは、読んだり書いたりすることを学びながら、詩や物語を書けるようになります。六歳児が書いた作品にも傑作があります。誤字があったり、句読点の打ち間違いがあったからといって、価値を下げることはありません。幼児でさえ、調性や拍子のことなどまったく知らずに歌をつくることができるのです。

シンプリチオ　でも、数学は違いませんか？　数学には固有の言語があって、たくさんの記号を学ばないと使いこなすことができないんじゃありませんか？

サルヴィアチ　そんなことはまったくありません。数学は言語ではありません。冒険です。自分たちのアイディアを音符で表すからといって、音楽家は別の言語を話していますか？　たとえそうであっても、幼児たちにとってそれが妨げになることはありません。

確かに、何世紀もの間に数学でも記号が使われるようになっていますが、それらは必要不可欠なものではありません。多くの数学は、友人とコーヒーをすすりながら、紙ナプキンに図を描きながら行われてきました。数学にとって大事なことは、これまでずっと（そして、これからも）アイディアだったのです。そして、価値のあるアイディアが式や記号で表されるようになったのです。「私たちに必要なのはアイディアであって、式や記号ではない」と、ガウス(26)が言っていました。

シンプリチオ　でも、数学教育の目的の一つは、生徒たちにより正確かつ論理的に考えてもらい、数量的な思考能力を高められるようにすることではありませんか？　数学の定義や公式が、生徒たちにそうした力をつけるために必要なのではありませんか？

サルヴィアチ　そんなことはありません。もしあるとしたら、今していることは生徒たちの脳を鈍くしているだけです。頭の鋭敏さは、実際に問題を解くことで得られるものです。解き方を教えられたからといって得られるものではありません。

シンプリチオ　もっともなご指摘です。でも、科学や工学に進みたい生徒たちにとってはどうなんでしょう。その生徒たちは、従来のカリキュラムが提供していることをしっかりと押さえておく必要はありませんか？　それこそが、学校で数学を教えている理由ではないのでしょうか？

---

(26)　(Carl Friedrich Gauss, 1777～1855)　ドイツの数学者です。アルキメデス、アイザック・ニュートンと並び称される学者で、「近代数学の創始者」とも言われています。幼少のころから数学と古典語で才能を発揮し、ブラウンシュワイク公の保護のもとに勉強を続けました。

サルヴィアチ　国語の授業を受けている生徒のうち、いったい何人が作家になるのでしょうか？　作家にすることが、文学を教える理由ではありません。見識を豊かにするために教えているのであって、ある特定分野のプロを育成するために教えているのではありません。

いずれにしても、科学者やエンジニアにとってもっとも価値のあるスキルは、創造的に、しかも自立的に考えられる力です。逆にもっとも避けたいことは、訓練されるということなのです。

4 算数・数学のカリキュラム

学校で教えられている算数・数学でもっとも辛いのは、何が欠けているかということではなく（算数・数学の授業で本当の数学は行われていません！）、その代わりに行われていることです。つまり、「算数・数学カリキュラム」の名のもとに実施されている山盛りの、混乱した、破壊的で人を欺くための偽《にせ》の情報です。生徒たちが何に直面しているのか、つまり生徒たちが算数・数学の名のもとに何にさらされているのか、そして、その過程（プロセス）でどんな打撃を受けているのかといったことをしっかりと見すえる必要があります。

算数・数学のカリキュラムのもっとも際だった特徴は、その硬直性にあります。学年が上がるに従って問題の深刻さは増します。どの学校でも、どの町でも、どの州でも、同じことが、同じような順番で同じように言われて、そして行われています。オーウェル的な状況[27]に困惑したり、腹を立てたりするどころではなく、ほとんどの人がこのきわめておかしな算数・数学のカリキュラムを算数・数学そのものとして受け入れてしまっています。

これは、私が「梯子の神話（ladder myth）」と呼んでいるものと緊密につながっています。それは、梯子を徐々に上るようにテーマを少しずつ難しくして（高くする形で）並べることができるという考え方です。これの悪影響は、学校における算数・数学を競争にしてしまっていることに現れています。

生徒たちのなかには、ほかの生徒よりも進んだ者が生まれ、親たちは自分の子どもが落ちこぼれになることを心配します。いったい、この競争は何をもたらすでしょうか？　ゴールで何が待っているでしょうか？　これほど無意味で悲しい競争はありません。算数・数学教育から締め出されてしまったとしても、気がつかないでしょう。

本当の数学は、スープの缶詰のように、缶を開けさえすればそれでいいわけではありません。[28]「代数Ⅱ[29]の考え」などというものは存在しないのです。問題が連れていってくれるところに、あなたは行くだけです。

一方、アートは競争ではありません。「梯子の神話」が算数・数学という教科の間違ったイメージをつくり出しており、教師自身が体験してきた算数・数学のカリキュラムがこの神話を補強し、算数・数学を有機的統一体として捉えられなくさせています。その結果、私たちの算数・数学カリキュラムには歴史的な視点もテーマの統一性もありません。あるものといえば、段階的な手順に還元できる容易さを基準にして、バラバラなテーマが盛り合わせのように集められているものだけです。

発見と探求の代わりに法則や解法があります。生徒たちが、次のように話している様子を見ることはまずないでしょう。

「数字を負の指数で累乗するとはどういうことなのかを理解したくていろいろ考えたのですが、それを逆数と捉えることで、きれいなパターンが得られることを発見しました」

(27) ジョージ・オーウェルが書いた『一九八四年』から「全体主義的な」という意味です。
(28) 数学は、決まりきったルールのもとに行われるのではなくて、きわめて創造的なアートという意味です。
(29) 「代数Ⅱ(Algebra Ⅱ)」とは、高校数学の科目名の一つです。詳しくは一〇〇ページを参照してください。

このようなチャンスを生徒たちに提供せずに、教師や教科書は「負の指数法則」という既成事実として提示しています。そのように捉える（見なす）ことによる美的感覚（美のセンス）や、それが選択によってもたらされているということには一切触れずに、です。

数学の多様なアイディアを統合することや、議論やディベートの未知の領域、あるいはテーマ間の一貫性や調和を感じさせてくれることにつながるかもしれない意味のある問題の代わりに、扱っているテーマの解法のみに即した、一つ一つがバラバラで、数学という全体像との関連も見えない、つまらなく

訳者Column　数学でとても大切な「美のセンス」

原語は「aesthetic」です。これは、訳すときに一番苦労する単語の一つです。一般的には「審美眼」などとされていますが、何のことやらさっぱり分かりません。一昨年に訳した『理解するってどういうこと？』（エリン・キーン著、新曜社、2014年）にも出てきました。そのときは、「a sense of aesthetic」を「喜びを味わう」と訳しました。フィクションの場合は、「作品を素晴らしいと思ったり、心を動かされた箇所に留まりたいという願望。その箇所を繰り返し味わおうとすること」で、ノンフィクションの場合は、「ある概念に関連する複雑さや固定の考えについて疑問をもち、追究する感覚を発達させること」（39ページ）としました。算数・数学の場合は、後者の場合に似ているような気がします。

不必要な練習問題がたくさんあります。後者に関しては、生徒たちはもちろん教師も、それらの問題がなぜ、どうして取り上げられているのかさえ、まったく見当もつかないのです。

また、生徒たちが言葉の意味を自ら判断でき、どのようなアイディアを盛り込むべきかも判断できるような、より自然で加工されていない問題の代わりに、終わりの見えない、やる気にもなれず、証明の必要もないたくさんの定義にさらされています。

カリキュラムは、教師たちが生徒たちに対して行うテスト以外の目的が考えられない専門用語と数式でいっぱいです。$2\frac{1}{2}$は「帯分数」で、$\frac{5}{2}$は「仮分数」であると区別する数学者は世界のどこにもいません。この二つは、単純に等しいだけじゃありませんか。まったくもって、同じ数字と特性をもっているだけです。四年生の算数以外で、そんな言葉を使う人がどこにいるでしょうか？

何かすてきなものを考え出し、自分なりの意味をつくり出すように動機づけをするよりも、意味のない定義についての知識をテストするほうがもちろん簡単です。たとえ、私たちが算数・数学の基本的な共通言語は大切であると合意したとしても、学校での指導は、本当の算数・数学のやり方ではありません。

「四辺のある形」の代わりに「四角形」と言えるように教わった五年生たちが、「予想」や「反例」などの言葉を教わらなかったら悲しいです。単に、「and」の代わりに「&」を使うのと同じレベルにすぎないのに、高校生は余弦関数 $\frac{1}{\cos x}$ の逆数の略記として、正割関数（$\sec x$）を使えるように学ばなければなりません。

この略記は一五世紀の航海図からの遺物で、まだ使われている（余正弦［versine］などはすでに使われなくなった！）のですが、それは単なる歴史的な偶然でしかありません。そして、迅速かつ正確に船上で計測することがもはや大きな問題ではなくなった今、まったく価値のないものです。私たちが行っている数学の授業を、意味のない過去の亡霊的な用語を学ぶことで飽和状態にしているというわけです。

実際のところ、カリキュラムはテーマやアイディアが並んでいるわけではなく、表記の順番という感じです。一見したところ、算数・数学はそれらを取り扱うための理解しがたい記号や法則で構成されているようです。低学年では、「+」や「÷」などが与えられます。しばらくあとになってから、「√」や「x」や「y」や魔法の括弧《かっこ》（ ）などが与えられます。そして最終的には、「sin」「log」「$f(x)$」が、さらに価値があると見なされたら「d」や「∫」が吹き込まれます。

これらはすべて、意味のある「数学的な経験」を一つも行うことなく提供されるのです。その順番はしっかりと固定されているので、教師も教科書執筆者も、何年も前から生徒たちがいつ何をしているのか、そのページには何が盛り込まれているのか、確実に予想することができます。

二年目の代数を学んでいる生徒たちは、$[f(x+h)-f(x)]/h$ の関数「f」を求めるように指示されることがあります。当然のことながら、このような思いつきの組み合わせの式がどういう意味があるのかという動機づけは提供されません（生徒たちも期待していません）。

教師のなかには、それにどういう意味があるのかと説明しようと努力する人もいるでしょうし、生徒たちのためにやっていると思っている人もいるでしょう。一方、「何をしたらいいのか、言ってくれればやります！」と、単に早く片づけたい退屈な数学の問題の一つとしてしか位置づけていない生徒もなかにはいるのです。

もう一つの例は、それが先々に役立つからという理由で、必要以上に複雑な形で情報を提供して生徒たちに練習させることです。中学校で代数を教えている教師が、「xは3と7の間にある」を$|x-5|<2$と生徒たちに表記させることの意味を理

解していると思いますか？　あきれるほど無能な教科書の執筆者は、高次元の幾何学や抽象的な距離空間などの分野において、将来生徒たちが活躍していることを想像して、本当に自分たちが生徒たちの未来のために準備をしていると信じているのでしょうか？

そうは思えません。彼らはお互いの書いたものを、書体や文字の色を変える程度で、何年間もコピーしあっているだけだと思います。そして、教育委員会が彼らの教科書を採択したときはうれしがるのですが、知らぬ間に共犯者になっているのです。

算数・数学の中心は「問題」です。問題こそが、生徒たちの数学的な生活の焦点にならなければなりません。つらく長い創造的なプロセスにイライラするかもしれませんが、生徒たちと教師はアイディアをもったり、もたなかったり、パターンを見いだしたり、予想したり、事例や反例を考えたり、証明を考案したり、互いの考えを批評しあったりと、常にプロセスに取り組み続ける必要があります。

このプロセスを通じて、必然的に特定の解法や方法が浮かび上がってきます。しかもそれは、問題の背景にあるものとつながっていたり、そこから派生したものであり、まったく関係のないものではありません。

訳者Column　ドリルとテストに振り回されている漢字学習

14人の小学校の先生たちに、漢字をどう教えているか尋ねてみました。その結果は、全員がドリルとテストでした。それが効果的だからというよりも、その方法以外にほかの方法を知らないから、というのがより正しい答えかもしれません。その結果、子どもたちはドリルとテストに振り回され続けます。それで覚える子どもも１割ぐらいはいるかもしれませんが、大半は覚えられません。私もそうでした！

しかし、算数・数学が「すること」を通して学ぶのが一番効果的なのと同じように、漢字の学習も読んだり書いたりするコンテキストのなかで学ぶのが一番です。このことを認識しており、かつ実践している教師や、そのようにサポートしている親はどれだけいるでしょうか？

『言葉の真理と教育』（福沢周亮編）のなかの「漢字の記憶」（45～56ページ）と、同じ人の編著の『子どもの言語真理』のなかの「漢字学習と語彙」（79～86ページ）から、漢字学習には「頻繁に使われる熟語とセットで覚えるのが効果的である」と「たくさん読むに限る」の２点がポイントであることが分かります。ちなみに、両方とも1987年に出版された本なのですが、「漢字の指導は、国語科教育の中で慢性的疾患の状態にある」と指摘されており、30年経過した今もそれが続いています。これが日本の教育の実態です!!

漢字学習に関して国語関係者に知られている良書は、『漢字と遊ぶ・漢字で学ぶ』（卯月啓子著）と『生活漢字の学習支援』（首藤久義著、とも東洋館出版）ですが、私がもっともおすすめするのは『ひみつの山の子どもたち』（富山和子著、童話屋）です。前の２冊があくまでも国語のなかでの取り組みが中心なのに対して、後者は漢字学習と生活科をはじめすべての教科が融合した学びを実現しているからです。

英語の教師は、スペリングや発音は、読んだり書いたりするコンテキストのなかで学ぶことが一番よいということを知っています［前ページのコラムを参照］。歴史の教師は、次々に登場する歴史上の出来事から取り除かれた形で人名や年号を覚えることはまったく面白くなく、それが歴史を学ぶ方法ではないということを知っています。そんななかで、数学教育だけが一九世紀にとどまり続けているのはなぜでしょうか？あなたが代数を学んだ体験と、バートランド・ラッセル(30)の回想を比較してみてください。今、行われていることと違いはあるでしょうか？

私は「二つの数字を足したものの2乗は、それぞれの数字の2乗の合計に、二つの数字を掛けたものの二倍を加えたものに等しい」を暗記させられました。私はその意味がまったく分からず、それを覚えられなかったので、先生は私の頭に本を投げつけましたが、私の思考力をかきたてることにはまったく役に立ちませんでした。

シンプリチオ　学校や教師に対して厳しすぎませんか？　間違いなく、ラッセルの時

代に比べると教える方法は上達していると思います。

サルヴィアチ　あなたが言わんとしたのは、訓練する方法のことでしょうか？　教えるということは、とても込み入った人間関係のことで、方法論は必要としません。もっと正確に言えば、もし方法論が必要なら、あなたはたぶんあまりよい教師ではないでしょう。もし、あなたは自分の担当教科に対して思い入れがなく、自分の考えを率直に、しかも自然に伸び伸びと話せないなら、あなたはどれだけ理解していると言えるでしょうか？

一九世紀にしがみついている件については、カリキュラムそのものが一七世紀のままだということにショックを受けませんか？　過去三世紀に、たくさんの驚くべき発見や改革が起こってきたにもかかわらずです。それらについては、あたかも何も起こっていないかのごとく触れていません。

シンプリチオ　でも、あなたはあまりにたくさんのことを数学教師に期待していませ

(30)　(Bertrand Arthur William Russell, 3rd Earl Russell, OM, FRS, 1872~1970) 第三代ラッセル伯爵。イギリスの哲学者、論理学者、数学者、貴族でした。

んか？　あなたは数十人の生徒に個別の配慮をし、それぞれを自分なりの発見と学びに向けてガイドし、そして、数学の歴史についても知っていることを教師に期待しているのですから。

サルヴィアチ　あなたは、美術の教師に、個別の知識豊富なアドバイスを期待しませんか？　あなたは、数学教師に過去三〇〇〇年間の歴史を知っていてほしいと思いませんか？　もちろん、私はそんなことは期待していません。ただ、「いいだろうな～」とは思いますが。

シンプリチオ　あなたは数学教師のせいにするのですか？

サルヴィアチ　いいえ、違います。私は数学教師をつくり出している社会の責任を問うているのです。かわいそうな人たちは最善を尽くしていますし、そう仕向けられたとおりにしているにすぎません。ほとんどの人は生徒たちのことが好きですし、その子どもたちにさせていることを嫌がっていると思います。内心では、自分のしていることは意味がないし、みっともないと思っていることでしょう。

教師たちは、死ぬほど退屈な機械のなかの歯車の一部になっているという感覚はもっていますが、残念ながら、その状況を理解するだけの視点をもっていません。たとえもっていたとしても、闘うことをしません。結果的に彼らがしていることは、生徒たちに「次の年の準備」をさせているだけなのです。

シンプリチオ　あなたは、ほとんどの生徒たちが自分の数学をそんな高いレベルでつくり出せると本当に考えているのですか?

サルヴィアチ　もし、創造的かつ論理的な思考が生徒たちにとっては難しすぎて、できないと私たちが思うなら、彼らに歴史やシェイクスピアについての研究レポートをなぜ書かせるのでしょうか?　問題は、生徒たちができるかできないかではなくて、教師の誰もができないことです。教師のほとんどが自分はできることを証明していないのに、生徒に対してアドバイスなどができるでしょうか?

いずれにしても、生徒たちの興味・関心や能力は、それがどの教科に対してであろうとさまざまです。でも、少なくとも、生徒たちには数学の「ゆがんだ偽物」に対してではなく、「真の姿」に対して好きか嫌いになってほしいと思います。

シンプリチオ　でも、疑いなく、私たちは生徒たちみんなに基礎・基本を身につけてほしいと思っています。それがカリキュラムの存在理由であり、画一化されている理由です。「1＋1」は「2」であり、三角形の内角の和が一八〇度であるように、私たちが生徒たちに学ばせるべき普遍的で変えようのない事実は歴然と存在しますから。それは、誰かの意見でも、感傷的なアーティストの感情でもありません。

サルヴィアチ　そんなことはありません。それが使えるかどうかは別にして、数学の仕組みは特定の問題がある状況のなかでつくられ、そして発展してきました。その状況のなかで、意味がつくり出されてきたのです。時には、「1＋1」が「0《ゼロ》」になりますし（2を法とする合同式の計算＝'mod 2' arithmetic）、球の上では三角形の内角は一八〇度以上になります。事実、それ自体があるわけではなく、すべては相対的で、関係性で存在します。ストーリーこそが大事なのであって、結末だけが大切なのではありません。

シンプリチオ　あなたのチンプンカンプンな説明に疲れてきました。あなたは、基本的な算数の知識について生徒たちは学ぶべきだと思っているのですか、それとも思っていないのですか？

サルヴィアチ　「基本的な算数」を、あなたがどのように捉えているかによって答えは変わります。もし、数えることや並べることなどの問題、分類して名づけることが役立つこと、事実とそれの説明とは違うこと、数の体系の歴史的な発展についてのいくつかの考えなどへの味わいや楽しみを意味しているなら、答えはイエスです。私は、生徒たちがそれらのことに触れるのは大賛成です。もし、根本的な概念的枠組みに触れることなく、ただ計算方法を暗記させることを意味しているなら、答えはノーとなります。また、「七個を五組と、五個を七組は同じである」という少しも明らかでない事実を探究するなら答えはイエスとなりますが、単に「5×7＝7×5」のルールを覚えさせるだけならノーとなります。

算数・数学をすることは、常にパターン［二〇～二一ページ参照］を発見することや、美しく意味のある説明をつくり出すことを意味しています。

シンプリチオ　幾何はどうですか？　幾何では、生徒たちは証明をしますよね。高校の幾何は、あなたが数学の授業としてイメージしていることにピッタリじゃありませんか？

5 中学校・高校の幾何——悪魔の道具

痛烈な批判を書いている人にとって、数学のなかでもっとも嫌悪しているものを自分がもっとも認めているのではないかと言われたときほどイライラすることはないと思います[31]。偽善者（温順を装った危険人物。聖書「マタイ伝」から）や偽りの友人の裏切りも、高校の幾何よりはマシです。まさに、学校が生徒たちに証明を教える材料になっているので、とても危険なのです。

幾何の授業は、生徒たちがようやく真の数学的思考に取り組める機会のように装われていますが、実際はウィルスが埋め込まれており、創造的で合理的な論証そのものを破壊し、生徒たちが数学という教科に対してもっている楽しみを麻痺させたうえ、自然に直観的に考えられないようにしながら魅力的で美しい数学の本質をも永遠に破壊しています。

これが行われている仕組みは、巧妙かつ悪質です。犠牲者である生徒たちはまず、意味のない定義や定理や表記の猛攻で唖然とし、麻痺してしまいます。そして、徐々にかつ慎重に、形やパターンへの自然な好奇心や直観から切り離され、「公式の図形の証明」と言われる形式ばった言葉と人口的な体裁に系統立てられて洗脳されていくのです。

それはさておき、幾何は小学校から高校までの算数・数学のカリキュラムでもっとも知的に、しかももっとも感情的に破壊されている領域となっています。他の領域では、きれいな鳥は隠されたり、鳥籠に入れられたりするかもしれませんが、幾何ではおおっぴらに、残酷な形で拷問されているのです（どうも私は、具体的な例を脇に置いて説明をすることができないようです）。

結果的に起こっているのは、生徒たちの直観を系統的に蝕んでいることです。数学的な論証である証明は、詩のように創作された作品です。その目的は、言うまでもな

---

(31) 前章の最後で、シンプリチオは「高校の幾何は、あなたが数学の授業としてイメージしていることにピッタリじゃありませんか？」と言ったのを受けての表現です。

く満足させることです。

美しい証明は、はっきりと徹底的に、そして優雅に説明されていなければなりません。よく書けていて、洗練された論証は、涼しい水のしぶき、ないし闇を照らす光明のように精神を爽やかな気分にし、考えることを容易にします。そして、もちろん魅力的でなければなりません。

今、行われている幾何の授業での証明において、魅力的なものは何もありません。生徒たちは、与えられた、硬直化した独善的な形式を使って証明するように指導されています。それは、庭に花を植えたい子どもたちに、植物分類の属や種の名称を正しく言わせるような、必要としない不適切なやり方と言えます。

この狂気の、いくつかの具体的な事例を見てみましょう。相互に交わった二本の線という例からはじめることにします（**図6参照**）。

最初に起こるのは、過度の記号を使うことで、必要もないのにきれいな水を汚すことです。単純に、交差する二本の線について話すことは許されず、しゃれた名前をつけなければならないのです。しかも、「ライン1」と「ライン2」や、単に「a」と「b」というものではダメなのです。高校の幾何では、線上の無作為かつ意味のない点を選んで名前をつけ、それらを使って線の名称を決めなければならないのです。線の名前は**図7**のとおり、「$\overline{AB}$」と「$\overline{CD}$」になりました。そして、ABの上の線を忘れてはいけません。それが、$\overline{AB}$の長さを表しているからです（確か、そのように理解されていたと思います）。無意味に複雑化されていることは気にしないでください。そういう決まりになっているだけですから。ようやく、肝心の式を紹介することができます（**図8**参照）。

図6

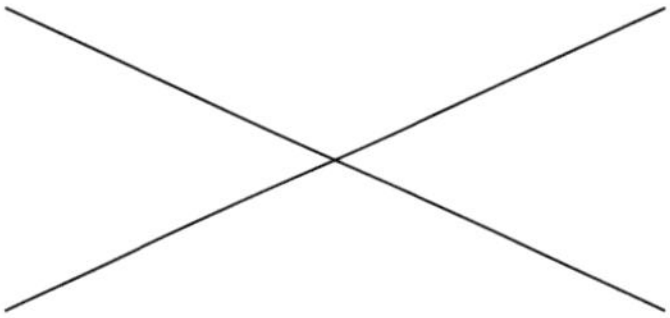

図7

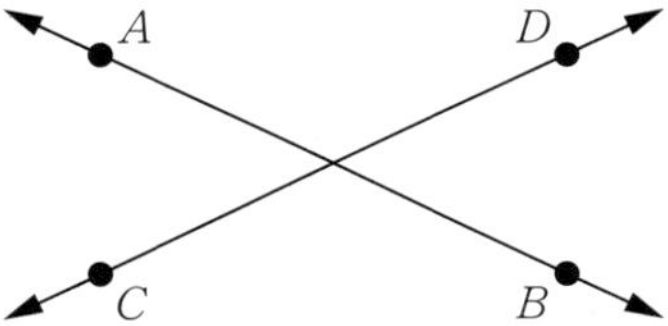

定理2.1.1

$\overline{AB}$と$\overline{CD}$がPで交わるとすると、

$\angle APC \cong \angle BPD$

図8

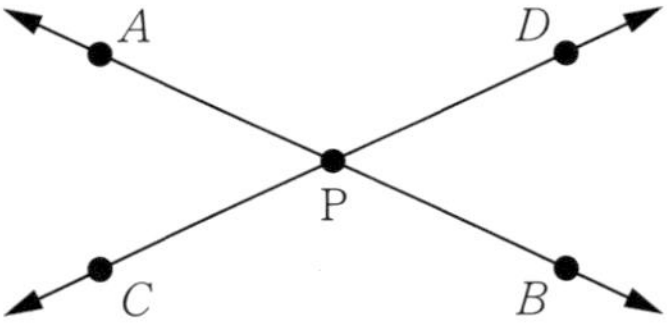

証明

仮定（直線の角度は180°である）より

$$\angle APC + \angle APD = 180^\circ \quad \cdots \quad ①$$

$$\angle BPD + \angle APD = 180^\circ \quad \cdots \quad ②$$

①、②より $\angle APC = 180^\circ - \angle APD \quad \cdots \quad ③$

$$\angle BPD = 180^\circ - \angle APD \quad \cdots \quad ④$$

③、④より $\angle APC \cong \angle BPD$

言い換えると、「二直線が交差しているとき、その対頂角は相等しい」ということです。そんなことは言われなくても分かっています。二つの交差する線の配置は対称なわけですから、当たり前ですね。ここまでで十分におかしいと思えないなら、懲りもせずに、次は線と角度に関するあまりにも明らかな定理を証明しなければならないのです。

実在する人間によって、世界にあるたくさんの自然な言語のなかの一つを使って書かれた機知に富んだ楽しい証明の代わりに、無愛想で、魂がこもっておらず、きわめて官僚的で定式化された証明が提示されます。そして、ささいなことをなんと大げさなものにしているのでしょうか！　見るだけで明らかなのに、こんなに長い説明が必要なのでしょうか？　まったく必要ありません。いったい誰が求めているのでしょうか？

あんなにも単純なもののために、こんなにも複雑なものをつくり出すことの悪影響は、生徒たちに自分の直観を疑わせることになります。あまりにも明らかなことを疑い、「厳密な証明」(たとえ、それが正当で公式な証明であったとしても)を求めることは、生徒たちに「あなたの考えと感情は信用できない。私たちの方法で考え、話す必要がある」と言っているようなものです。

もちろん、私も数学に形式的な証明が必要なことは認めます。でも、それは、生徒たちに数学的な論証を求める最初の段階ではありません。すべてを形式的にする前に、生徒たちが数学で扱っているものに多少なりと慣れ、どんなことが学べるのか「感じ」をつかんでもらうことが大切なのです。厳密で形式的な証明が意味をもつのは、たとえば、あなたの想像上の物体が予想もしないような動きをするのを発見したときや逆説を見いだしたときなど、危機的な状況に遭遇したときです。

でも、そんな過度の予防的な対策はここでは必要ありません。まだ、誰も病気になっていないのですから! もちろん、どこかで論理的な危機が起きたら、しっかりと調査をして論証をもっとクリアにすべきですが、その過程は、直観的に、形式ばらずに進めることが十分可能なのです。いやむしろ、自分たちの証明で対話を進めること

図9

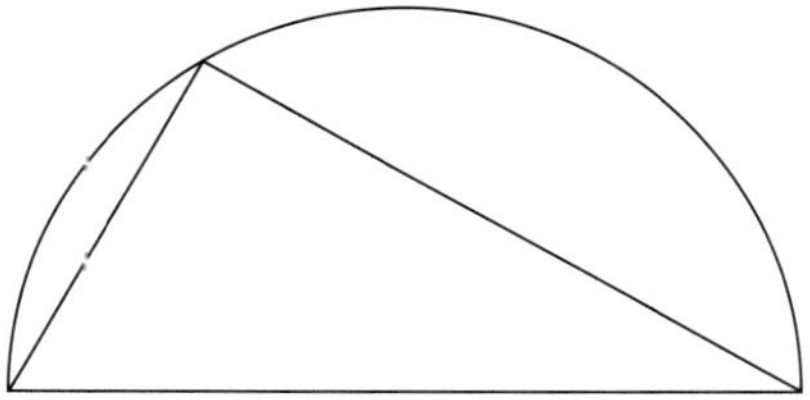

こそが数学の本質であると言えます。

ほとんどの生徒たちは、このもったいぶった形式にすっかり困惑してしまうだけでなく（疑う余地のないものの証明ほど不可解なものはありません！）、まだ無傷で直観を働かせている少数の生徒たちも、自分のすぐれた美しい考えを馬鹿馬鹿しくて理解しづらい枠組みに翻訳しないと教師から「正解」というお墨付きが得られないのです。そのうえ、生徒を賢くしているのは自分だ、と教師は図に乗ってしまうのです。

より問題の大きい例として、半円の中に描かれた三角形の事例を取り上げてみましょう（**図9**参照）。このパターンの素晴らしい事実は、円状のいかなる位置でも、三角形の頂点は直角になるということです（**図10**参照）。

それが問題にとって役立ち、話し合うことを容易にしてくれるなら、私は「三角形」という言葉に対してなんの依存もありません。専門用語に対して異議を唱えているのではなく、

図10

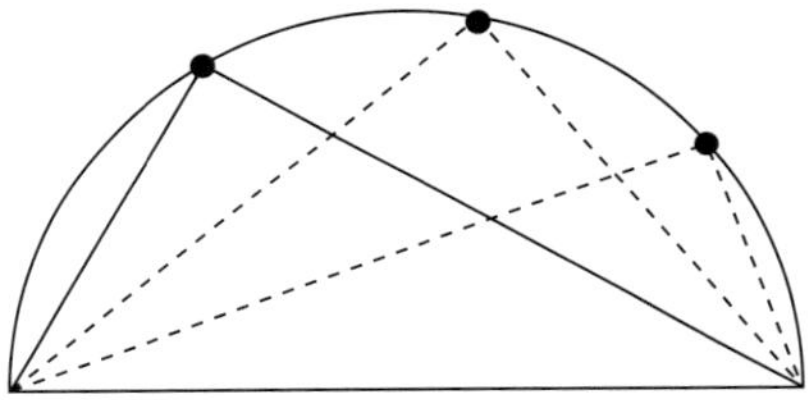

意味のない、不必要な専門用語に対して異議を唱えているのです。もし、生徒たちが望むなら、「角」だって「豚小屋」だって喜んで使います。

ここで、私たちの直観はちょっと揺らぎます。三角形の頂点が動くと角度は変わりませんか？　多くの人は、頂点を動かしていくと角度も変わると思いがちです。よって、どこでも同じだというのは驚きでもあるので証明を必要とします。

ここにあるのは、とてもすぐれた数学の問題です！　それは、正しいですか？　もし正しいのなら、その理由は何ですか？　素晴らしいプロジェクトです！　創意工夫と想像力を駆使することができるとてもよい機会です！　とはいえ、もしこのような問題が生徒たちに提供されたらの話ですが。残念ながら、そういう機会は提供されません。そのため、好奇心と興味はすぐになくなってしまいます（**図11参照**）。

これ以上、魅力に欠け、粗野なものはあるでしょうか？

定理９．５

直径が$\overline{AC}$の半円の中に△ABCを書き込んだとき、

∠ABCは直角である。

図11

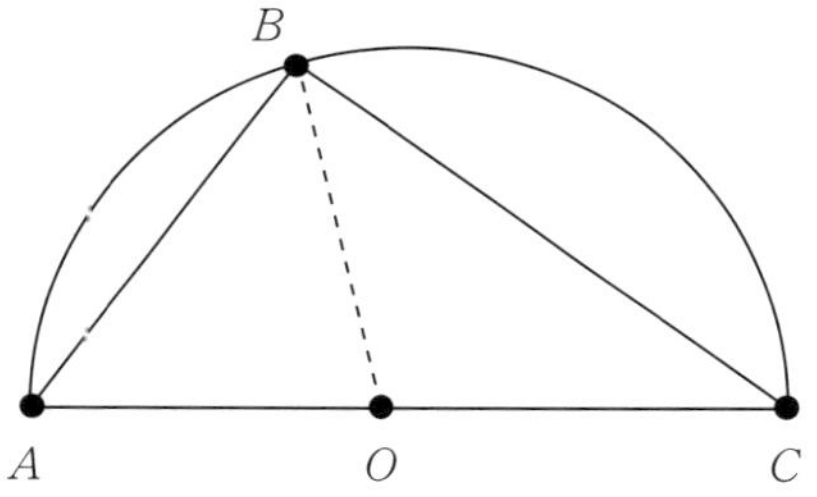

証明

$OB = OC = OA$

二等辺三角形の定理より（二等辺三角形の底角は等しいから）

$$\angle OBC = \angle BCA \quad \cdots \ ①$$

$$\angle OBA = \angle BAC \quad \cdots \ ②$$

仮定より（三角形の内角の和は180°）、

$\angle ABC + \angle BCA + \angle BAC = 180°$　…　③

①、②、③より、$\angle ABC + \angle OBC + \angle OBA = 180°$

$$2\angle ABC = 180°$$

$$\angle ABC = 90°$$

したがって、∠ ABC は直角である。

これ以上、不明瞭で、読みにくいものはあるでしょうか？　これは数学なんかじゃありません！　証明は、国防総省が出す暗号化されたメッセージではなく、神からたまわるひらめきです。これは、誤った論理的な厳密さの捉え方から起こった問題です。論証の精神が、ややこしい形式主義のなかに埋没してしまっています。

　こんなやり方をする数学者はいません。もちろん、こんな仕事をする数学者は一人もいませんでした。これは、数学的な企てに対する完全なる誤解です。数学は、自分と自分の直観の間に壁をつくることではありませんし、単純なことを複雑にすることでもありません。数学は、直観に役立つように障害を取り除き、単純なものを単純にとどめておくことです。

　以上のゴチャゴチャした証明の代わりに、七年生［日本の中学一年生］によって考え出された以下の論証を読んでください。

　三角形を一八〇度回転することで、円の中に四角形ができます。三角形は一八〇度回転したのですべての辺は平行のはずです。したがって、平行四辺形です。でも、対角線が二本とも円の直径であり、長さが等しいので、四角形は傾いた平

図12

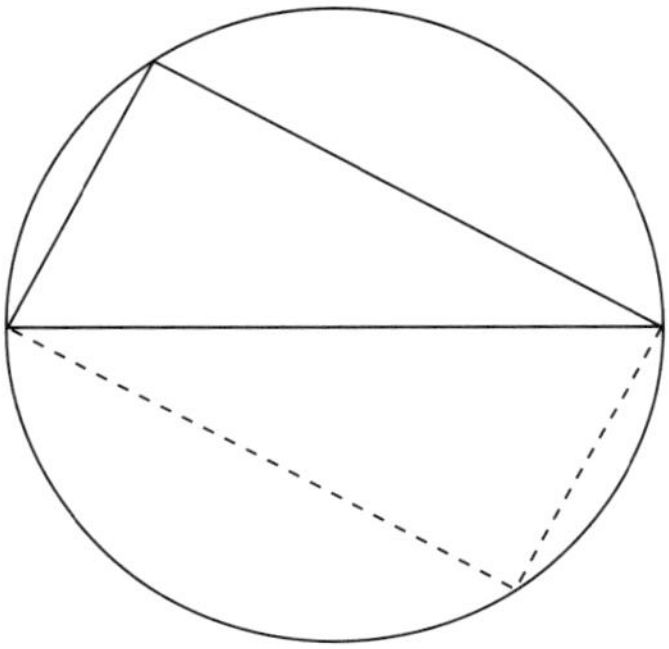

行四辺形ではなく長方形であることが分かります。その結果、四つの角はすべて直角となります（**図12**参照）。

素晴らしいと思いませんか？　論証がほかのよりもすぐれているか否かということではなく、大切なのは、彼の考えがしっかりと伝わってくるということです。そして、何よりも大事なのは、考え方そのものが生徒のものだということです。クラスで取り組むに値するよい問題が提示され、みんなが予想し、証明する努力をし、そのなかの一人が考え出したものなのです。もちろん、この結果が出るまでには数日がかかりましたし、何回もの失敗を経たうえでの結果でした。

正直に言うと、私が彼の証明を大幅に書き換えました。彼のものはもっと複雑で、不必要な言い回し（や誤字や文法上の間違いも）をたくさん含んでいました。でも私は、彼の証明のよい点を確かに認めました。そして、欠陥があってよかったのです。私に、教師としてやるべきことを与えてくれたわけですから。

彼に文体と論理的な問題を投げかけたことで、彼は自分の証明を改善しました。たとえば、対角線が直径であるというところは明らかであるとは思えなかったので、完全に満足していませんでした。しかし、それがもっと考えるべきことと、もっと理解すべきことを提供したのです。そして結果的に、彼は以下のように、かなりうまく補足することができました。

――三角形は円の中を一八〇度回転したので、頂点はちょうど反対側に位置することになります。それが、四角形の対角線は直径になる理由です。

これはすてきなプロジェクトで、素晴らしい数学の作品です。生徒と私のどちらがより満足したのかは分かりません。このような体験こそ、生徒たちにしてほしいことなのです。

通常、幾何のカリキュラムの問題は、アーティストとして生徒が一人で「もがく」という体験は事実上取り除かれています。証明をつくり出すというアートの面が、創造性のない公式の演繹《えんえき》を導き出す、硬直化した段階的なパターンに取って代わられています。教科書がいくつもの定義、定理、証明などを提示しており、教師はそれを黒板に写し、生徒たちはそれをノートに書き写します。そして、練習問題でそれをまねます。このパターンを早くできる子どもが「よい生徒」なのです。

この結果、生徒たちは創造的なアートのなかで受動的な参加者になっていきます。生徒たちは、たとえ本当はそう思っていなくても、すでに存在する証明に自分の考えを合わせるようになります。彼らは、たとえ自分はそうしたくなくても、証明をまねるように訓練されていくのです。そのため、生徒たちは教師が何を言っているか分からないだけでなく、自分が何を言っているのかも分からなくなります。

伝統的な定義の提示のされ方も、まやかしとしか言いようがありません。教科書に書かれている定義や証明は論理的で明快で、すべての出発点のように見えますが、真実は定義や証明が最初にあることなどはないのです。それらは、問題に取り組んだ結果得られたものであり、試行錯誤の末に明らかにされ、解明されたものなのです。結果的に教科書は、このような思考の過程を覆い隠してしまうような存在になっています。

とにかく大切なことは、定義からはじめるのではなくて、問題からはじめることです。ピタゴラス（BC582～BC496）が正方形の対角線の長さを測ろうとして、割り切れる数では表せないことを発見するまでは、誰も無理数の存在を考えた人はいませんでした。

それなりに満足のいく証明ができたときに定義は意味をもちます。ほかのものと区別する必要性が生じるまで、それに名前をつけることはありません。もし、すべてが同じ大きさだったり、あるいは大きさを気にしていないときには、「小さい」とか「大きい」という言葉に意味はありません。動機もなしに定義を提示することは混乱を招くだけで、決してよいことはありません。

これは、生徒たちが数学のプロセスから遮断され、排除されるもう一つ別の事例です。生徒たちは、必要性があるときに自分で熟考する枠組みをつくって、自分の定義をつくり出せることが大切です。私は生徒たちに、「その定義、その定理、その証明」と言ってほしくありません。その代わりに、「自分の定義、自分の定理、自分の証明」

と言ってほしいのです。

これまでの不平・不満は別にして、形式的な説明の最大の問題は、それが退屈だということです。教科書が示してくれているような定理や証明によってすべてが論理的に考えられるというのは、数学が実際に発展してきたり、行われたりする方法とはかけ離れています。学校は、数学がすべて証明済みで完成されているような錯覚を与えていますが、依然として混乱しており、進化し続けているのです。ユークリッド［紀元前三世紀頃］がこのことに賛成してくれるとは思いませんが、アルキメデス［四四ページ参照］は賛同してくれるはずです[32]。

シンプリチオ　ちょっと待ってください。あなたはどうだったか知りませんが、私は高校の幾何の授業は楽しみました。私は枠組みが好きで、固定化した証明の仕方で学ぶことも楽しめました。

サルヴィアチ　あなたがそういう経験をしたことは信じますよ。たぶん、たまにはよい問題に取り組んだこともあったでしょう。ある程度の人は幾何の授業を楽しむものですが、それ以外の人はひどく嫌っています。でも、それが今のやり方を支持することにはなりません。それどころか、あなたの経験は数学自体に魅力があるという有力な証拠とも言えます。とても素晴らしい何かを完全に台無しにするのは困難だということです。数学のかすかな影ですら、「取り組みがい」と「満足」を与えてくれるのですから。

もちろん、多くの生徒が番号順に塗る活動もリラックスできるし、きれいで単純な手作業ですから、楽しみます。楽しめたからといって、それが本当の学びになっているかと言えば、そうではありません。

シンプリチオ　でも、私は好きだったと言っているんです。

サルヴィアチ　もし、あなたがもっと自然な数学の体験をしていたら、より好きになっていたことでしょう。

シンプリチオ　ということは、生徒たちがまったく自由な数学の旅に出て、そこから学べるものは何でもＯＫ、とあなたは言っているのですか？

---

(32)　ユークリッド原論を金科玉条とする幾何教育が長く続いてきたことに対する皮肉で、おしゃれな言い回しをしています。これについては、協力者の須藤雄生さんが指摘してくれました。このような言い回しが本書のあちこちに点在していますので、見つけ出してください。

サルヴィアチ　まったくそのとおりです。問題がほかの問題につなげてくれます。必要が生じたときに方法はつくり出されるものです。新しいテーマも自然に出てきます。もし、一二年間に特定のテーマが取り上げられなかったら、その必要性や面白さは気にする必要がないということではありませんか？

シンプリチオ　あなたは、完全におかしくなってしまったのではありませんか？

サルヴィアチ　ひょっとしたら、そうかもしれません。従来の枠組みのなかで教えていても、よい教師であれば生徒たちに自分の数学を発見したり、つくり出せるように話し合いや問題の流れをガイドすることができます(33)。大きな問題は、官僚的な教育制度を強要して個々の教師にさせないことです。学習指導要領も、カリキュラムも、教科書もあるべきではありません。よいのは、教師が生徒たちにとってベストと考えることをすることです。

シンプリチオ　それでは、学校はどのようにして、生徒たちが同じ基礎的な知識をもつように保証できるのですか？　生徒たちの相対的な価値は、どうやって正確に測ることができるのですか？

サルヴィアチ　できませんし、しません。学校以外の社会がそうであるのと同じように。最終的には、人はみな違うということを受け入れなければなりません。言うまでもなく、それはよいことです。

いずれにしても、慌てる必要などないのです。ある生徒が半角公式（三角関数の半角公式）を知らずに高校を卒業したとします（今、たくさんの生徒たちがそうしているように）(34)。だからなんだ、というのですか？　その生徒が、少なくとも数学という教科がどういうものなのかというイメージがもて、何か素晴らしいものを見られたとしたら、そのほうがはるかによいのです。

現行のカリキュラムに対する私の批評を終わりにするにあたって、本邦初公開で、とても誠実な、小学校から高校までの算数・数学のコースの流れを以下で紹介します。

---

(33)　ここで筆者が言わんとしていることは、問題が答えを導き、その答えがさらなる問題を生み出すような流れであり、それこそが理想的な教え方であると捉えているということです。

(34)　日本の学力低下論争では、分数の掛け算・割り算すらできない大学生が多いことも指摘されたぐらいです。

典型的な算数・数学のコースの流れ

小学校のカリキュラム――洗脳がはじまります。生徒たちは、算数は自分がするものではなく、させられるものであるということを学びます。大事にされるのは、静かに座っていること、ワークシートを埋めること、指示に従うこと、などです。

インドとアラビアに起源をもつ記号を操作するためのたくさんの計算法（それらは、まったく自分の要求や好奇心とは関係なく、数世紀前までは普通の大人には難しすぎると思われていたもの）を、子どもたちは習得することを期待されます。九九の表が大事にされ、親も、教師も、そして子どもたち自身もそれを覚えるために頑張ります。

中学校のカリキュラム――生徒たちは、数学をたくさんの手順を集めたもの（石に刻まれたように不変で、宗教的な慣習と同種のもの）と捉えるように教わります。神聖なる平板あるいは数学の教科書が配られ、生徒たちは教会の長老たちを「あの人たち」と呼ぶように学びます（「あの人たちはここで何がほしいのか？ここで割ってほしいのかな？」といった具合に）。

比較すると、くだらなくて単調でつまらない計算が楽しく思えるようにするために、嘘っぽくて人口的な「文章題」が導入されます。生徒たちは、「正数」や「真分数」など、それらの特徴の理由づけを必ずしも明確にすることなく、たくさんの不必要な専門用語をテストされます。「代数Ⅰ」へのとてもよい準備と言えます。

代数Ⅰ――このコースは、貴重な時間を数字やそのパターンについて考えることで無駄な時間を費やさないように、計算のためのシンボルとルールに焦点を絞っています。古代メソポタミアの石板に書かれた問題から、ルネサンス時代の代数学者の高度なアートに至るなめらかに流れる物語の筋は捨て去られ、その代わりに、登場人物も、筋も、テーマもバラバラで、ポストモダン風な再話が行われています。

すべての数字や表現をあらかじめ決められた体裁にあわせるように無理強いすることが、本来の意味や同じことに関してさらなる混乱を招いています。[35] 理由は定かでありませんが、生徒たちは二次方程式の解の公式を暗記させられます。

幾何——カリキュラムのほかの分野とは分離される形で、意味のある数学的な問題に取り組める期待を生徒たちに提供するのですが、すぐさま粉々に打ち砕きます。使いづらくて、気をそらされる表記法が紹介され、労を惜しまず単純なものを複雑にする作業が繰り返されます。

このコースの目標は、「代数Ⅱ」への準備のために、最後までごくわずかに残っている生徒たちの数学に対する直観力を取り除くこととなっています。

代数Ⅱ——このコースのテーマは、座標幾何学を気乗りしない方法と不適切な方法で扱うことです。円錐とその断面の美的な単純さを避けるために、円錐曲線が座標軸を使う形で導入されます。生徒たちは、それをする理由が分からないなかで、二次関数を多様な標準的な形式で書き直すことを習います。それらが代数的な対象でないにもかかわらず、指数関数と対数関数もここで扱われます。

その理由は、生徒たちが数学でお手上げの状態に陥る必要があると思われているからのようです。コースの名称は、梯子の神話［六六ページ参照］を強固なものにするために選ばれています。なぜ、幾何が代数Ⅰと代数Ⅱの間に挟まれているのかは謎です。

三角関数――自慰的に定義をこねくり回すことによって、わずか二週間の内容が一学期間に引き伸ばされています。三角形の辺は角度に依存しているというような、本当に面白く、しかも素敵な現象は、扱っているテーマが何かを生徒たちに悟らせないために、意味のない略記や旧式の表記法と同じレベルの扱いを受けます。

　生徒たちは、方向性や対称性を自然にかつ直観的に養う代わりに、記憶を助ける方法の「SohCahToa」[36]や「All Students Take Calculus」[37]などを暗記させられます。三角形の測定は、三角関数の超越的な性質や、測定に伴って生じる言語や

(35) たとえば「$\frac{4}{3}$」と「$1\frac{1}{3}$」のように二つが等しいとき、生徒たちにどちらか一方のみを使わせることは混乱を招くということです。意味よりも体裁を重視することはおかしい、という主張です。

(36) 「sin」「cos」「tan」の式を暗記するための語呂合わせです。www.mathwords.com/s/sohcahtoa.htm

哲学的な問題には一切触れることなく扱われます。三角関数を計算できる計算機が必要とされ、結果的にこれらの問題をさらに曖昧にしています[38]。

基礎解析[39]――バラバラのテーマを無意味に寄せ集めてつくった魚介シチューのようなものです。一九世紀後半の解析方法を、必要もなく、役にも立たない状況にかなりいいかげんな形で導入しようという試みです。滑らかな変化の、直観的に明晰なイメージを覆い隠すために、専門的な定義の範囲の端や連続性などが提示されます。

これは、名称のとおり、形や運動に関する自然なアイディアの系統だった錯乱化の試みの最終段階となる微分積分の準備コースです。

微分積分――このコースでは、運動に関する数学を扱います。そしてそれは、たくさんの必要のない形式主義のなかに数学を埋めてしまうのに最適な方法となっています。微分と積分の入門コースであるにもかかわらず、多様な解析上の問題に対応するために開発されたより複雑な関数を使った方法が選ばれて（それは、高校生にはまったく必要ないのですが、それについては触れられていません）、簡単でしかも深遠なニュートンやライプニッツ(40)のアイディアは捨て去られました。ご存知のように、これは大学で再度取ることになります。

以上です。恒久的に生徒たちの知性に障害を与えるための完璧な処方箋と言えます。いったい、カリキュラムを編成している人たちは数学に対して何をしたがっているのでしょうか？

---

(37) 第1像限ではAll（すべて）が正の値、第2像限ではS（sin）だけ正、第3像限ではt（tan）だけ正、第四像限ではc（cos）だけ正の値をとることを覚えるための言い回しです。https://www.youtube.com/watch?v=z7wXd7lLTrw

(38)「cos」を使うにしても、「π」を使うにしても、それぞれには正しい数字が存在するのですが、それを小数点以下二つ～五つで表してしまうことは誤解を生んでしまうものです。数学はおよそ知ることができるための学問ではなく、実際に知ることのできるための学問だからです。

(39)（Pre-calculus）基礎解析は、微分積分学を学ぶための準備段階にあたります。

(40)（Gottfried Wilhelm Leibniz, 1646～1716）ニュートンとは個別に微積分学の基礎を築いたドイツの数学者で哲学者。微積分学におけるライプニッツの表記法は、その後も使われ続けています。

古代からあるアートの一つである数学には、驚くような奥行きとドキッとするような美しさがあります。多くの人が、数学を創造性の対極にあるものとして退けてしまうのが残念です。彼らは、どんな本よりも古く、どんな詩よりも深遠で、どんな抽象的なものよりも抽象的な形式のアートを楽しむ機会を逃しているのですから。

そして、学校にその責任があるのです。罪のない教師たちが罪のない生徒たちに損害を与え続けるという悲しい悪循環が続いています。その悪循環から抜け出せたら、私たちはみんなもっと楽しめるというのに。

シンプリチオ　私はすっかり落ち込んでいます。次は何ですか？

サルヴィアチ　それじゃ、次は立方体の中の四角錐について考えますか……。

パート

2

喜び

1 算数・数学の楽しさと魅力

「算数・数学教育」という名の愚かな悲劇は続いています。そして、年を追うごとに、ますます馬鹿らしく、悪くなっています。でも私は、これ以上そのことについては話したくありません。不満を言うのに、もう疲れました。それに、不満を言ったからといってどうなるというのでしょうか?

学校が、思考と創造の場であったことはありません。学校は、子どもたちに仕事ができるように訓練する所でしかありません。その結果、子どもたちは選別されやすくなっています。

学校で数学が台無しにされていると知っても驚くことはありません。ほかのすべてのことも台無しになっているのですから。それに、あなたは算数・数学の授業が退屈だったことを私から聞く必要もないでしょう。何といっても、ご自分で経験してきたはずですから。覚えていますよね?

ここからは、数学とは本当はどんなものであり、私がなぜ数学が大好きなのかをお話したいと思います。前にも言いましたように、理解すべきもっとも大切なことは、算数・数学はアートだということです。そして、あなたが「するもの」だということです。さらに、あなたがすることは、「数学的現実(リアリティ)」として知られる、とても特別で変わったスペースを探求するということです。

もちろん、それは想像上のスペースです。優雅で、創造力が発揮される構造で、魅力的で、好奇心にあふれた行動をとる素晴らしい空想の生き物たちが棲みついている場所です。「数学的現実」は、実際にどのように見えて、そして感じられるのか、そしてそれが私にとってなぜそんなに魅力的なものかを紹介したいと思います。

その場所は、息をのむほど美しく、魅力的なので、私は起きている間のかなりの時間をそこで過ごしています。ほかの数学者もそうであるように、私はそれについて常に考えています。私たちは、そこが好きなのです。私たちは、そこから遠ざかったままの状態にはなれないのです。

数学者であるということは、フィールドをもった生物学者に似ていると言えます。たとえば、中米コスタリカの熱帯林のはずれにキャンプを張ったと想像してみてください。毎朝、山刀を持ってジャングルに入り、探検し、そして観察します。そうすると、あなたはその場の豊かさと素晴らしさがますます好きになっていきます。たとえば、ハムスターなど（コスタリカにハムスターが実際にいるかどうかは気にしないでください）特定の種類の動物にあなたは関心がある、と仮定してください。

ハムスターが特徴的なのは、固有の行動様式をもっていることです。彼らは、すごく面白いことをします。穴を掘り、交尾をし、走り回り、そして空洞の木に巣をつくります。コスタリカのハムスターのなかでも特定のグループを観察し続けた結果、あなたは目印の札をつけたり、名前をつけているかもしれません。ロージーは黒と白のまだら模様で、穴を掘るのが大好きで、サムは茶色で日向ぼっこが大好きです。肝心なことは、あなたは見守っているし、気づいているし、ますます好奇心が増しているということです。

- ハムスターのなかに、ほかとは違う行動をとるものがいるのはどうしてか？
- すべてのハムスターに共通する特徴にはどのようなものがあるのか？

・ハムスターを分類して、意味のある面白いグループに分けることは可能か？
・新しい行動は、それまでにあったものからどのようにしてつくられるのか？
・受け継がれる特徴にはどのようなものがあるのか？

要するに、あなたはハムスターにまつわるたくさんの質問をもっているのです。それらは、あなたにとっては自然で興味をそそるものであり、ぜひ答えを見つけたい質問ばかりです。

さて、私もたくさんの質問をもっています。その内容は、コスタリカに関するものでも、ハムスターに関連するものでもないだけです。でも、その想いは同じです。面白い動きをする珍しい生き物がジャングルのなかにたくさんいて、私はそれらについて理解したいと思っています。たとえば、数学というジャングルのなかにいる私の好きな住人は、幻想的な動物の「1、2、3、4、5……」です。

どうか、怖がらないでください。これらの数字や記号で、これまでに結構悲惨な体験をあなたがしたことを私は知っています。すでに、胸が締め付けられはじめている様子が伝わってきます。でも、リラックスしてください。万事うまくいきますから。

私を信じてください。何といっても、私は数学の博士号をもっているんですから。まず、重要ではないので「数字」は忘れてください。名前は決して重要ではないのです。ロージーとサムは、自分のしたいことをしているんであって、彼らはあなたがつけた名前のことなどまったく気にしていません。これは、きわめて大切な考え方です。私は、起こっていることとその表し方の違いについて話しています。あなたがどんな言葉を使いたかろうが、あるいはどんな記号を用いるかは、まったく重要ではないのです。数学で重要なことは、何を扱っているのかと、それ以上に大切な、それがどう振る舞うのかということなのです。

いつの間にか、人間は数を数えはじめました（誰も、それがいつだったかは知りません）。大きな一歩になったのは、人があるものをほかのものによって表すことができると気づいたときです（たとえば、トナカイをトナカイの絵で、あるいは人の集団をたくさんの石で）。

ある時点で（また、いつだかは分かっていません）、初期の人類は数の概念を思いつきました。たとえば「三つの状態」などです。三つのイチゴや三日ではなく、抽象的な三つです。数千年の間、人類は数を表すたくさんの言語を考え出してきました。

代用硬貨や価値が書かれた硬貨、そして計算システム（紙と鉛筆を使って行う計算やシンボルを操って行う計算）などです。

数学的には、これらは大きな意味をもちません。私の観点（つまり、日常的なことに疎い、夢見心地の数学者）からは、「432」のような記号化された表現は想像上の四三二個の石と何ら変わりありません（いろいろな意味で、私は石のほうを好みます）。私にとって大切なステップは、石から記号に変化することではなくて、量から存在への移行です。「5」と「7」の概念を何かの量としてではなく、それそのものとして捉えるのです。特徴や動きをもっていた個々のハムスターのように。

たとえば、私のような代数学者にとって、「5＋7＝12」という式は、五つのレモンと七つのレモンで一二個のレモンになりますという意味はありません（とはいえ、そういう意味もありますが……）。私にとっての意味は、「5」と「7」として一般的に知られている存在は、特定の活動（ここでは「足す」こと）をすることが好きで、それをしたときには新しい存在、私たちが「12」と呼ぶものをつくり出すということです。これが、これら想像上の動物がすることなのです。そのことが、誰によってどのように呼ばれようとです。

具体的に言うと、「12」は「1からはじまる」わけではなく、「2で終わる」わけでもありません。「12」それ自体は、はじまりも終わりもないのです。それはそれであり続けます（いったい、たくさんの石の塊は何からはじまるのでしょうか?）。インドとアラビアの十進法の位取りの表記法のみが、「12」は「1」ではじまって「2」で終わるのです。私たちにとって、それはまったく重要ではありません。私が言わんとしていることが分かりますか?

数学者として私たちは、任意の文化的な構成概念についてのありふれた特徴についてではなく、数学的に存在するものがもっている固有の特性に関心があります。「69」という記号は、逆さにしても同じに見えるかもしれませんが、「ろくじゅうきゅう」という数はどんなふうにも見えないのです。私の提示している視点が、「単純なことは素晴らしい」という見方のきわめて自然な副産物であることをご理解いただけると思います。

一二世紀に、アラブの貿易商がヨーロッパにどんな表記法を伝えたのかについて興味がもてるでしょうか。私はハムスターについては気になりますが、彼らの名前には興味がありません。ですから、「1、2、3」やその他の数字を、面白い動きをする

図13

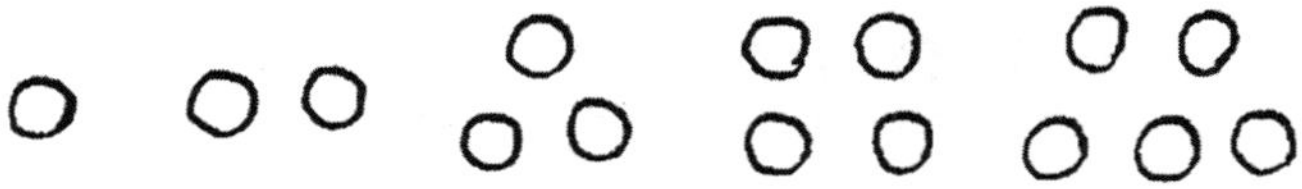

図14

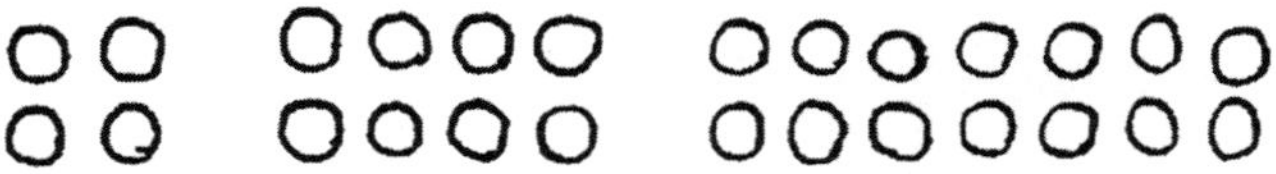

想像上の動物と捉えてみましょう。もちろん、それらの行動は、それらが何であるかによって左右されます。すわなち、集積のサイズによってです（それは、私たちがそれらと最初に遭遇したときのことです）。それらを想像上の石の集まりとしましょう（**図13**参照）。

言ってみれば、これでそれらを「野生の状態」で観察できますし、偶然の加工品としてつくられた表記法によって心をかき乱されたり、欺かれたりすることもありません。さて、人間が比較的早い時期に気づいた動きの一つは、石の集まりのように、二列に並べることができるということでした（**図14**参照）。

たとえば、「4、8、14」などの数はこの特性をもっていますが、「3、5、11」などはもっていません。しかも、それは数の名前のせいではなくて、それらが何であり、何をするのかと関係します。数学的に存在

図15

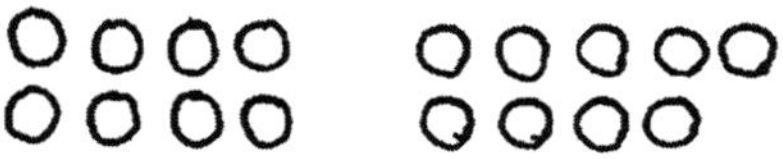

するものの行動上の特徴は、一方で二列に並べることができるもの（一般的に「偶数」と言われるもの）があり、他方でできないもの（「奇数」と言われるもの）があるということです。

きわめて明らかな理由で、偶数は女性、奇数は男性と私は捉えがちです。偶数（二列に並べます！）はとても滑らかな輪郭をしているのに対して、奇数は一つだけ飛び出しているからです（**図15**参照）。

石の集まりを動かすことはとても自然なことなので、足すことによって偶数と奇数の特徴がどのように影響されるのか見てみましょう（これは、ハムスターがまだらか、それとも無地かは、遺伝で受け継いでいるのかと尋ねているようなものです）。したがって、私は石の集まりで少し遊んでみることにしました。すると、素晴らしいパターンがあることに気づきました。

偶数と偶数は、偶数になります。

偶数と奇数は、奇数になります。

図16

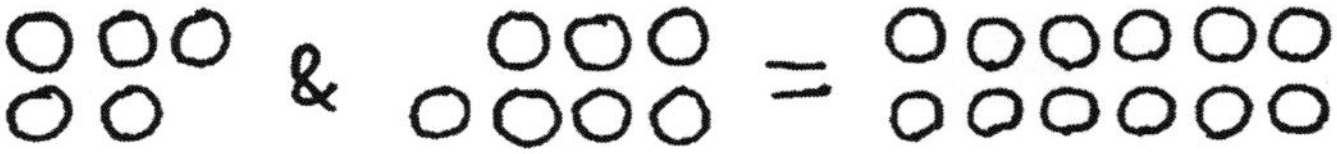

奇数と奇数は、偶数になります。

あなたは、なぜそうなるのか分かりますか？　私はとくに、二つの奇数が一緒になることで偶数になるというのが好きです。

なぜなら、これに「二つの間違いは一つの正解を出す」という素晴らしい特徴を感じたからです。なんと、じゃまなとんがりを互いに消し去ってしまったのです。そして、これは、私が**図16**で示したものだけではなく、すべての二つの奇数について言えることなのです。言い換えると、これは完全に一般的な振る舞いということになります。

これは素晴らしい発見です。二つの列を使うことがそんなに特殊なことではないのですが、数を三列、四列、あるいは一〇列に並べたらどうなるかも調べられます。そんなことをしたら、ハムスターたちはどうするのでしょうか？

ここまで説明してきたことで、難しいことは何もなかったと思いますが、想像上の存在とその面白い振る舞いについての感覚を私はぜひもってもらいたいと願っています。というのも、それをもつことは、数学の魅力と方法の両方を理解するのに大切だからです（とくに、現代においては）。

しかしながら、決定的に重要な違いが、中米コスタリカのハムスターと数や三角形のような数学的な存在の間にはあります。ハムスターは、物理的な現実の一部として存在します。それに対して、数学的なもの（概念）は、たとえそれが石の集まりや満月のような現実にあるものから最初はひらめいたとしても、想像上の産物でしかありません。(1)

それだけではありません。それらは私たちによってつくり出され、特定の特徴も私たちによって与えられたものです。つまり、それらは私たちが欲する存在なのです。現実生活において私たちはものをつくらないわけではありませんが、現実がもっている特質によって私たちは常に制約や束縛を受けています。たとえ私が欲しくても、原子や重力があるために得られないものもあります。

でも、数学的な現実では、それが想像上の場所なので、私は欲しいものは何でも手に入ります。たとえば、もしあなたが「1＋1＝2」だと言い、それについて「私には何もすることはできないでしょう」と言ったとします。しかし私は、自分に自分を足すとなくなってしまう、つまり「1＋1＝0」という新しいタイプのハムスターを思い描くことができるのです。そこでは、「0」や「1」は集めるときの量を表しているのではなく、「＋《プラス》」も二つのものを加える機能をもっていないかもしれません。それでも、私は数体系らしきものをもてるのです。もちろん、その結果は受け入れなければなりませんが（たとえば、偶数はすべてゼロのように）、それでもいいのです。より具体的に言うと、私たちがよいと思えば、想像上の構造を自由に装飾することも、改善することもできるということです。たとえば、何百年にもわたって「1、2、3……」という集まりは不十分であることに数学者たちは気づきはじめています。

実は、この体系には、石を足すことはできても引くことはできないという、かなり気に障る不均整があるのです。「2から3は引けない」というのが現実的な世界での明らかな原則ですが、私たち数学者は、「何はできて、何はできない」と言われることが好きではありません。そこで、この体系を魅力的なものにするために、私たちは

(1) 地球から見ると満月は完璧な円に見えますが、そう見えるだけで、自然界に完璧な円は存在しません。

新しいハムスターを投入します。具体的に言うと、「0」を追加することで集まりのサイズに関する考え方を押し広げ（空の集まりという捉え方）、それによって「−3」という新しい数を定義することができ、「それと3を足すことで0になる」のです。もちろん、ほかの負の数についても同じことが言えます。「数は、数がすることである」という根本原理を理解してください。

こうして、私たちは引き算の古めかしい考え方を、反対のものを足すという、より新しい考え方に置き換えることができるのです。「8から5を引く」の代わりに、（もし望みさえすれば）これを「8に−5を加える」というふうにも見ることができるのです。

ここでしていることの利点は、常に一つの操作、つまり足すことしか考えなくてよいということです。私たちは、引き算という考え方を数自体のなかに含めてしまったわけです。ですから、ちょっと耳慣れないかもしれませんが、私は靴を脱ぐ代わりに、「靴脱ぎを履く」と考えることもできるということです。そしてもちろん、「靴の脱ぎ脱ぎ」は単純に私が靴を履いていることを意味します。このような見方の魅力、あなたに分かっていただけたでしょうか？

同じように、もし掛け算（石の山の複製を繰り返しつくることを意味します）に興味があるようなら、気に障る均衡の欠如に気がつくことでしょう。三倍することで「6」になる数は何でしょうか？　もちろん「2」です。でも、三倍して「7」はどうでしょうか？　そんな石の集まりをつくることはできません。なんと腹立たしいことでしょう。

もちろん、私たちは本当にある石（あるいは「石がない」）の集まりを話しているわけではありません。私たちは、石を参考にしてつくった抽象的で想像上の概念について話しています。なので、もし三倍して「7」になる数が欲しければ、単純につくり出せばいいだけです。物置まで行って道具を取ってくる必要はありません。単に、言葉で「それをつくり出して」しまえばよいのです。私たちは、それに「7|3」というような名前までつけることができます。

よく見かける算数・数学のルールは、こうした美のセンスに基づいた選択の結果と言えます。客観的で、想像力のないルールや式として生徒たちに提示されるものは、これらの新しい想像上の動物が相互に作用しながら面白く、ダイナミックにつくり出された結果なのです。そして、生み出された特徴として演じ続けられるパターンを私たちはコントロールすることができず、探究する対象とします。

このようにして私たちは遊び、つくり出し、そして理想的なすぐれたものに近づく努力をし続けます。一七世紀の有名な例として挙げたいのは「射影幾何学」の発明です。その考え方は、平行線を取り除くことでユークリッド幾何学を改善するものでした。

この平行線の扱い（それは、数学的なものの見方の範疇に含まれる）に関する歴史的な関心は置いておくことにして、一般的に二つの直線は一点で交差し、平行線がこのパターンを唯一乱すという事実を認めています。言い換えると、二つの点は一つの線を決定しますが、二つの線は必ずしも一つの点を決定しない、ということです。

大胆なアイディアは、伝統的なユークリッド空間に新しい点を加えてしまおうというものです。具体的には、空間の両側の「無限遠」に新しい点を一つずつつくり出すのです。その結果、すべての平行線はこの新しい点で交わることになります。新しい点は、無限に遠い所にあると想像します。もちろん、すべての線は二つの方向に向かうので、新しい点は両方の「無限遠」にあることを意味します。つまり、私たちの線は無限の輪になっているわけです。とても素晴らしいアイディアだと思いませんか？

数学者は欲しいものをすべて手に入れられる、ということを思い出してください。射影幾何では、あらゆる二直線が一点で交わると考えます。ユークリッド幾何で交わっていた二直線は射影幾何でも交わっています。さらに、平行で交わらないとされていた二直線も射影幾何では「無限遠」で交わる、と考えます（完全にするために、無限に遠い所にある点でつくられる無限遠直線も加えましょう）。これで、どんな二つの点も一つの線を決定し、いかなる二つの線も一つの点を決定します。なんと素晴らしい環境でしょうか！

訳者*Column*　射影幾何学とは

簡単に言うと、「射影の性質を調べる学問」となります。ユークリッド幾何学では、平行線は交わらないことになっています。しかし、目に見える事実は「平行線は遠くのかなたで交わる」ことを示しています。高層建築や真っすぐに伸びる道などを写生するときには、平行線が遠くのほうで交わるように描くとそれらしく見えますし、写真で撮影してもそのように写ります。このことは、レオナルド・ダ・ビンチの透視図法（遠近法）でも明らかにされている事実です。

「目に見える事実」の通りに画面上に表すためには工夫が必要でした。空間図形Fを平面上に描くとき、目とFとの間に透明板を置いて、目とF上の各点とを結んだ直線と透明版との交点がつくる図形「F′」を「Fの射影」と呼びます。この射影の性質を調べる幾何学が「射影幾何学」です。

このことを、狂人が述べる狂った話のように思いますか？　慣れるには多少の時間がかかることは認めます。新しい点が本当は「そこ」にないので、たぶんあなたは異議を唱えるかもしれませんね。でも、ユークリッド空間は最初からそこにあったのでしょうか？

ここで紹介してきたことに現実性はありません。私たちが課したいと思うもの以外は、規則も制約もないのです。歴史的にも哲学的にも、ここでの美的な基準はきわめて明快なものです。パターンが面白くて魅力的なら、よいということです（そして、新しいアイディアを理解するために、一生懸命になればなるほどよいということです）。退屈しないかぎり、何でも考え出してよいのです。もちろん、すべてはセンスに大いに左右されますし、そのセンスも変化し、進化します。

アートの歴史にようこそ！　数学者であるということは、頭がよいということではありません（もちろん、それは助けにはなりますが）。そうではなくて、美的な面において敏感で、洗練されていて、すぐれたセンスがあることこそが大切なのです。

とくに、矛盾することはとても退屈だと思われます。したがって、最低でも数学的な作品には論理的に一貫性があることが求められます。このことは、とくに既存の枠組みを発展させたり、改善しようとするときに問題になります。

私たちは何をしようと自由なのですが、新しいパターンが古いものと矛盾しないように枠組みを発展させたいと思っています（負の数や分数などがその例です）。たまには、「0」で割ることを禁止したりして（もし「1/0」という数が存在するとしたら、「0」を掛けたら「0」になるというパターンに矛盾することを意味します）、普通は考えてもいないような決断をせずにはいられない気持ちにさせることもあります。いずれにしても、一貫性さえあれば、あなたは何でもしたいことができるのです。

ですから、数学の世界には、自分たちを楽しませるためにつくり出した面白くて喜ばしい作品や枠組みがたくさんあると言えます。私たちはそれらを観察し、面白いパターンに気づき、それらの動きを説明するための、明解で説得力のある物語（証明）をつくり出しています。

少なくとも、以上が私が行っていることです。もちろん、私がとっているアプローチとはかなり異なることをしている人たちもいます。実践的な人びとです。人類が直面している状況を予想したり、改善するのに（あるいは、企業の貸借対照表を少なくとも改善するのに）数学モデルを活用しようとしている人たちです。私は、そのなかには含まれません。

私が唯一興味のあることは、数学を使って自分が楽しむことと、ほかの人も同じことができるようにサポートすることです。それに、これ以上価値のある目標を考え出すことがどうしても私にはできません。私たちはこの世界に生まれ、そしていつか死にます。それで終わりです。それなら、その間に、すてきで、おかしなことがたくさんできる自分たちの頭で楽しみましょう。あなたについては分かりませんが、私は自分の人生を楽しみたいと思っています。

2 奇数を足すと

さらに、ジャングルの奥深くへと入ってみましょうか。人類は、もうすでに長い間（しかも、過去三〇〇〇年ぐらいはかなり真剣に）数学をしてきたこと、そしてたくさんの素晴らしい発見をしてきたという事実を認識する必要があります。以下に紹介するのが、私がとくに好きなものの一つです。最初のいくつかの奇数を足すと何が起こるでしょうか？（下の四つの式を参照）

一般の方には、この数式はゴチャゴチャした数にしか見えないかもしれませんが、この和の並び「4、9、16、25……」は、でたらめからはほど遠いものなのです。実のところ、これらはまさ

$$1+3=4$$

$$1+3+5=9$$

$$1+3+5+7=16$$

$$1+3+5+7+9=25$$

図17

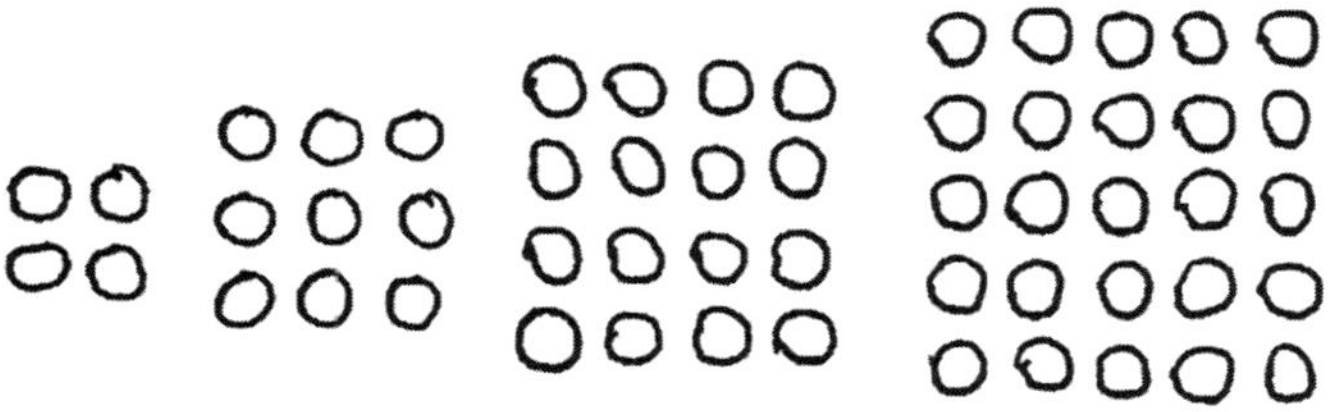

に平方数なのです。つまりこれらは、石として並べたときに正方形ができる数なのです（**図17**参照）。

平方数がほかの数からとくに際だっているのは、魅力的な特徴をもっているからです。その特徴が、特別な名前をもらっている理由でもあります。もちろん、どんなサイズの正方形をつくることもできるので、このリストは無限に続くことになります（これらは想像上の石なので、無尽蔵に供給できます）。

何と素晴らしいことでしょうか！　でも、続きの奇数を足すことが、なぜ正方形をつくり出すのでしょうか？　もっと調べてみましょう（左ページの二つの式を参照）。

どうやら、このまま続くようです。そして、これは、私たちが影響を及ぼすことのできる範囲外のものとなっています。これが、奇数がもっている本当の（そして意外で、美しい）特徴なのでしょうか？　いや、そうではないのかもしれません。いずれにしても、この事実に対して、私たちは何ら権限をもっていないのです。

　これらの創造物[2]を生み出したのは私たちかもしれませんが（それ自体が重大な哲学的な質問です！）、それらはすでに手に負えなくなって、私たちが予期しなかったことをしまくっています。これが、数学のフランケンシュタイン的な特徴と言えます。つまり、私たちは創造の段階では権限をもっており、選択した特徴をそれに注入するわけですが、その結果として起きる振る舞いに関しては何ら発言権をもっていないということです。

　ところで、この発見について、あなたに興味をもてるように仕向けることが私にはできません。言うまでもなく、選択

（２）奇数や偶数の数字という創造物＝想像上の動物のことです。

$$1+3+5+7+9+11+13=49$$
（７×７と同じ）

$$1+3+5+7+9+11+13+15+17+19=100$$
（10×10と同じ）

をするのはあなたですから。でも、少なくとも私がなぜ興味をもつのかということについては話すことができます。一つには、奇数を足すことは、正方形をつくること（つまり、ある数を掛けること）とはまったく異質な活動だということです。

これら二つの行為に共通点があるとは思えません。直観で見抜けるものではないのです。私は、両者のつながりにとても魅力を感じています。それは、新しい予想もしなかった関係で、私の直観力を伸ばし、これらに対する私の見方を恒久的に変える力をもっています。この点が、私にとってはとても重要です。つまり、私は変わりたいのです。私は根本的な形で影響を受けたいのです。これこそが、私が数学をする一番大きな理由だと思っています。

私がこれまでに見たものや行ったことで、数学ほど大きな変化をもたらす力をもっているものに出合ったことがありません。つまり、数学をすることで私は頻繁に思考の革命を体験してきたのです。

もう一つ知ってほしいのは、奇数を足したものは無限だということです。このことに、私は畏敬の念と魅力を感じています。もし、このパターンが続かなかったとしたら、それをどうして知ることができるんでしょうか？　最初の一〇〇万個をチェックしたからといって、何も証明できません。チェックした次の数で、もしかしたら機能しなくなるかもしれませんから。

そういえば、整数に関しては、何千もの単純な質問がいまだに未解決のまま残っているということをご存じでしょうか。(3) つまり、上記のパターンが続くかどうかは定かでない、としか言いようがないのです。

ここまで説明してきて、あなたは先の問題(4)に対してどのような感じをもたれたでしょうか? あなたが気に入るような問題ではありませんでしたか? でも、私がなぜこんなにもこだわりをもっているのかということに関してはご理解いただけたと思います。

---

(3) ここではサラって書いていますが、数学者というのは、私たちが算数や数学の授業で必ず正解があるたくさんの練習問題を解くのとは違って、少数の正解があるのかどうか分からない問題を(ウーン、ウーン唸りながら?)解き続ける人たちのことのようです。しかも、その問題は与えられた問題の場合もあるでしょうが、どちらかといえば、自分が考え出した問題のほうが多いのかもしれません。それにしても、すべて正解があると思い込んでいる整数だけでも、何千もの未解決の問題があるというのですから驚きです。

(4) 一二五ページの「最初のいくつかの奇数を足すと何が起こるでしょうか?」という問題です。

私が好きなのは、純粋な飾り気のなさというか、その抽象性にあります。それは、複雑な国会議員の選挙区割りの再編成の問題ではありませんし、電子がぶつかり合っているような問題でもありません。あまりにも単純な奇数について、なのです。

奇数は、この世のものとは思えないほど純粋で、「宇宙よりもはるかに宇宙的なもの」というあまりにも魅力的な特徴をもっているのです。毛むくじゃらで、悪臭を放つ（血が通っていて、内臓もある、つまり生きている）ハムスターではありません。それは、楽しく、自由で、空気よりも軽い私の想像上の動物です。そして、それは同時に恐ろしくもあります。(5)

私が言わんとすることをご理解いただけたでしょうか？　単純にゾッとするのです。それは、SF小説に出てくるような異星人ではありませんが、まったく「異質なもの」なのです。そして、どうやらそれは何かを企んでいるようなのです。奇数は、足すことで常に正方形になるのです。でも、どうしてでしょうか？

今の時点で私たちにあるのは、奇数についての予想です。パターンを見いだし、それが続くだろうと私たちは考えています。さらに、もし望むなら、最初の一〇〇万個でそれが正しいことが検証できるとも思っています。したがって、事実上、すべてのケースで正しいと言えると思っています。

しかしながら、それでは数学的とは言えません。数学は、（たとえそれが有益だったり、面白かったりしても）正しさの寄せ集めではないからです。数学は、「論理的に考えること」と「理解すること」です。私たちは、その理由を知りたいのです。つまり、事実上そうなるかどうかということではないのです。

ここで、アートが登場します。観察や発見は大切ですが、一方で説明も大切なのです。私たちに必要なのは証明です。なぜ、特定のパターンが起こっているのかについて理解を助けるための説明です。

数学の証明における基準は結構高いのです。数学的な証明は、完全に明確で、論理的な演繹《えんえき》によって得られた結論でなければならず、先に述べたように、単に満足させるだけではなく、「見事に満足させる必要」があるのです。可能なかぎりもっとも簡単で、もっとも美しく、そして論理的に満足できるように説明することが数学者の目

（5）やりたい放題だからです。私たちがつくり出したにもかかわらず、コントロールできないからです。そう、フランケンシュタインのようにです。さらに、それは私たちの現実世界に存在しているわけでもありません。

標なのです。加えて言えば、未解明な部分を消し去り、単純で水晶のように透明な真実を明らかにすることが目標なのです。

もし、あなたが私の実習生で、もっと時間があったなら、この時点で私は、考え、もがきながら、どのような証明をつくり出せるかを、あなたのために試すことになるでしょう（もちろん、あなたがここで読むことをストップして、試してみようというなら、それは素晴らしいことです。ぜひ、やってみてください）。私の目的はあなたに数学の素晴らしさを味わってもらうことなので、すてきな証明をお見せします。その代わりに、あなたの反応を聞きたいと思います。

それでは、先ほどのような問題はどのように証明したらいいのでしょうか？　決して、ほかの誰かを説き伏せることを目的としている弁護士のように振る舞うことではありません。もちろん、仮説を実験している科学者でもありません。

数学は、合理的な科学のなかでもきわめてユニークなアートの形態をもっています。私たちは、口うるさい要求をもっている論理を十分に、しかも明快に説明することで満足させ、同時に鳥肌が立つような「論理的な詩」を書き上げようとしているのです。

時に私は、数学的批評という、二つの頭をもった怪獣を想像することがあります。

一つの頭は、論理的な思考に少しの隙もないほど完璧で、不明瞭なごまかしが一つもない完璧な説明を要求します。こちらの頭はこだわりが強く、完全に無常なものです。私たちは口やかましく言われることを嫌いますが、心ではそれが正しいことを知っています。

もう一つの頭は、単純に美しさや上品さ、魅力的で楽しいものを求めており、また単なる証明ではなく、深いレベルの理解を得ることも望んでいます。たいていの場合、こちらのほうが満足させるのにはより困難を伴います。誰もが論理的になり得ます（もっとはっきり言うと、演繹《えんえき》によって得られた結論を機械的に確認することはできます）が、本物の証明をつくり出すためには最高レベルの創造性とひらめきが必要なのです。

同じように、正確な肖像画を描くことはさほど難しくありません。自らの見る目を上達させ、描き方をマスターすればよいだけですから。でも、何らかの意味がある肖像画を描くこと、つまり感情を伝え、何かを語りかける絵を描くことは決して簡単ではありません。まったく別物なのです。手短に言うと、私たちの目標は、二つの頭の怪獣の要求を同時に満たすことなのです。

証明をうまく軌道に乗せることは、それほど簡単なことではありません。私たちの多くは、抱えている問題に苛立って、(論理的に有効であることを前提に)見苦しく、魅力のない論証で喜んで落ち着くことがあります。少なくともそれで、私たちの予想は正しく、反証がないことを確かめられるからです。

しかし、それでは満足のゆく状況とはなりませんし、長続きもしません。ハーディー[二一ページ参照]が言ったように、「この世には醜悪な数学に永住の地はない」[6]のです。いつか(たぶん数世紀後に)誰かが、メッセージだけでなく、新たな事実を明らかにしてくれる本当の証明を間違いなく見つけ出すことを歴史が示してくれています。

それでは、いったいどうすればよいのでしょうか?　誰も、確実な方法は知りません。ただ試して、失敗して、もがいて、ひらめくことを期待するだけです。私にとっては冒険であり、旅なのです。そもそも、私はおおよそどこに行きたいのかは分かっていますが、そこに辿りつく方法を知りません。確実に分かっていることは、たくさんの苦しみと落胆、そしてクシャクシャにした紙なしにはそこに辿りつけないということです。

そこで、あなたもこの問題としばらくの間取り組んできたと仮定しましょう。そして、ある時点で次のことに気づいたとします。

「パターンが言わんとしていることは、どの正方形も奇数の部分に分けることができる」

そこで、実際に異なるサイズの正方形を描いて切り刻んでみました。最初の三つは次ページの**図18**のように成功しましたが、一貫性を見いだすことはできません。単に不揃いに見えるだけで、一般化できないのです。そのとき、突然、息がつけず心臓が止まりそうな瞬間に雲が晴れて、はっきりと見ることができました（**図19**参照）。

正方形は、L字型の入れ子構造で表せるのです。そして、そのL字はまさに奇数なのです。見つけた!!　数学者がなぜ風呂から飛び出て、裸のまま屋外に飛び出すかお分かりいただけましたか？　この使い道のない、子どもじみた活動がどんなに感動的

（6）『ある数学者の生涯と弁明』の二〇ページより引用しました。

図18

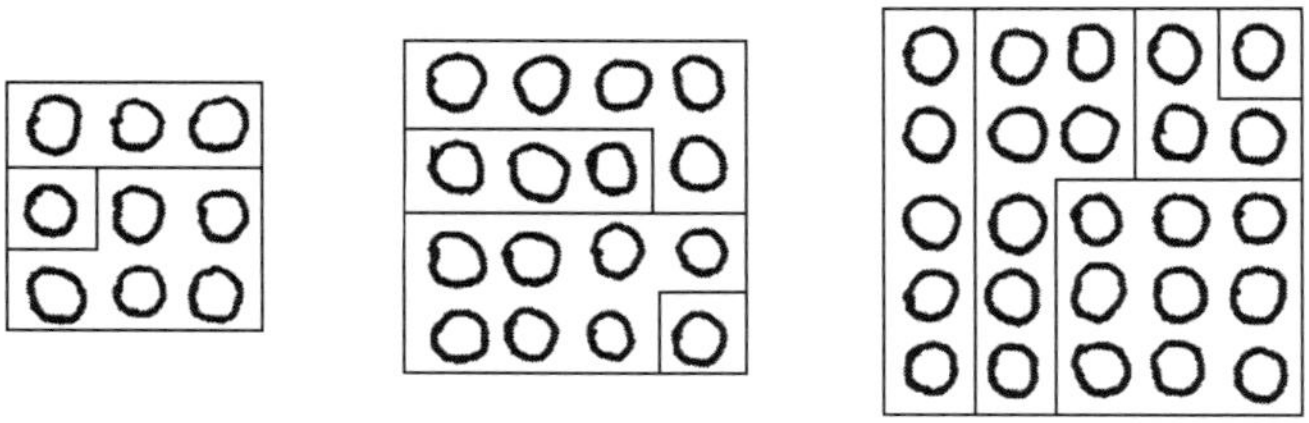

かお分かりいただけますか？
私があなたにとくに理解してほしいことは、この「神の啓示」とも言える感覚です。このL字型の構造は、「そこ」にずっとあると感じていたことなのですが、それが見えませんでした。でも、今は見えます。これが、私を数学にとどめている理由です。まだ明らかにされていない根本的な真実や、神からのメッセージを垣間見る機会が提供されたのです。
私にとってこのような数学の体験は、人間であるとはどういうことなのかという核心の部分に触れることなのです。さらに言えば、抽象的なパターンづくりのアートである数学は、物語や絵画や音楽よりも、骨の髄まで人間的なアートであると思っています。好むと好まざるとにかかわらず、それは私たちの脳がすることなのです。私たちは生化学的にパターンを認識する機械でありますが、数学はパターンの学問なのです。その意味で数学は、私たちが何者であるかについて迫るための核心にほかならないものとなります。

夢中になり過ぎる前に話を続けましょう。これらのL字が、パターンになっていることに疑う余地はありませんよね？ 次に続くL字が次の奇数であること、そしてこのパターンが永遠に続くことは明らかですよね？（この種の懐疑的な態度は、怪獣の一つ目の頭の特徴と言えます。）

私たちは、それらのL字がしていることも、してほしいことも分かっています。でも、いったい誰が、私たちの期待を満たしてくれるように保証をしてくれるのでしょうか？

図19

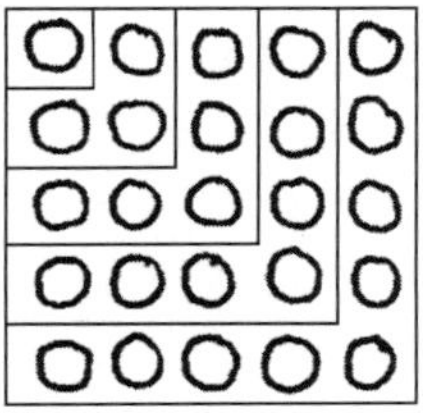

これが、数学で頻繁に起こることです。もし、証明が物語だとしたら、それには配役や出来事などが小説の場面のように登場するかもしれません。私たちの解説的な論証が行うことは、問題を補完的な問題に分解することです。これは、数学的な批評において重要な部分を占めます。私たちの証明が間違っているとか、悪いとかと言うのではあり

ません。ただ、それぞれの部分を、論理的な顕微鏡においてより注意深く検討しているだけなのです。

では、なぜL字は奇数になるのでしょうか？　もちろん、最初の角は常に一個の石になります。正方形がどれだけ大きくても、次は三個です。実は、正方形が一つの石でしか構成されていないという可能性を考慮することもできるのです。こんなささいな状況を含めるのかどうかを判断するのはあなたです。一般的には、それがパターンを壊すわけではないので含めることにします。

最初の奇数である「1」の和は、「1×1」の正方形と同じです（さらに試してみたいなら、「0」を含めることもできます。何もない奇数を表す「0」の和は、「0×0」と同じですから。もし、ここまでこだわれるのなら、真剣にプロの数学者になることを検討してもよいのではないかと思います）。いずれの場合でも、最初のいくつかのL字は、私たちの要求に応じてくれます。

でも、このパターン、私たちが描いたり、数えたりする能力をはるかに超えて延々と続くということは明らかでしょうか？　何十個目か、何百個目かの仮想のL字を想定してみましょう（**図20参照**）。

図20

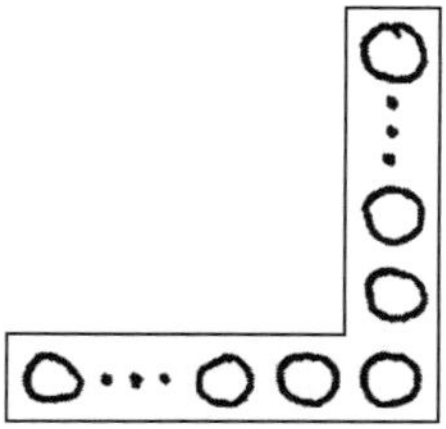

図21

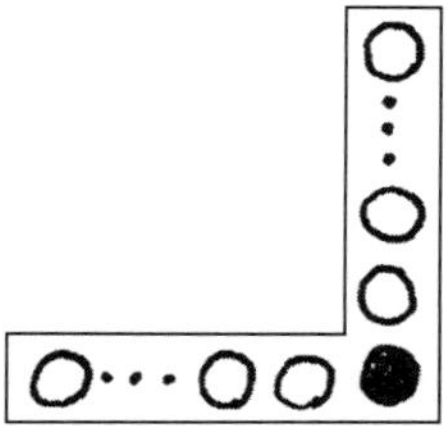

ここでは、特定のL字に私が限定していないことを理解していただく必要があります。心をオープンにして、どの規模のL字、ないしn番目のL字、その全般について考えたいのです。願わくは、そうすることで次の発見の機会が得られると思うからです（**図21**参照）。

すべてのL字は、二つの「手」（縦と横）と一つの「結合部」に分けることができます。二つの手は、まったく同じ数を含んでいます。そして、結合部の1を足すと総数が出ます。よって、トータルは常に奇数になるわけです。さらに重要なことは、一つのL字から次に行くとき、両方の手は一つずつ増えています（**図22**参照）。ということは、次に続くL字は前のものよりも二つ数が多いことを意味します。これが、同じパターンが続く理由です！

このような例が、数学をするとはどういうことかを示すものとなります。パターンで遊び、いろいろなことに気づき、予想し、例や反例を探し、ひらめいて発見や探究をし、論証を考え、それを分析し、新しい質問を出す、ということです。これが命にかかわるほど大切だとは言いません(事実、命を助けません)。ガンを治すとも言っていません(事実、治しません)。でも、それは面白いし、よい気分にさせてくれるのです。そのうえ、まったくもって害がありません。人間がすることで、この最後の点を満足させてくれるものはどれだけあるでしょうか?

図22

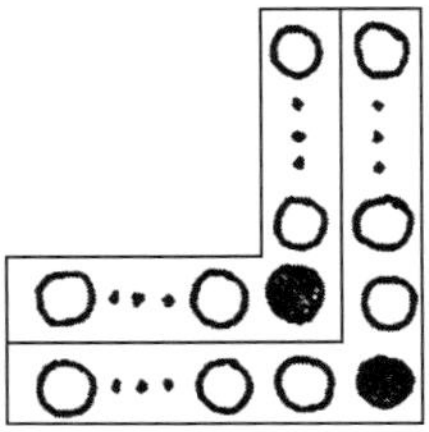

ここで、いくつかの重要な点を指摘させてください。

第一に、数学的な知識を得るための唯一の方法は証明をすることです。証明は、それがなぜ正しいのかを示してくれるだけでなく、その正しさ自体を示してくれます。一〇〇万の実例は、私たちに何も示してくれません。無限大になると、何が正しいのかは、その説明に頼るしかないのです。証明は、無限大の情報を有限な形で捉える私たちの方法なわけです。もし、言葉で表すことができれば、それは何かのパターンがあるという意味なのです。

二番目は、最終的な数学的証明の真価を認めていただきたいということです。ここでは、不確かなものや仮説もありません。あとで、「私たちは間違っていた」と言うこともありません。証明は完全に自己完結的なもので、私たちは何の実験による立証も必要としていません。

最後に、ここでは連続した奇数の和が正方形（平方数）になるという事実が大切なのではなく、発見することや説明すること、そして分析することが大切であることを私は強調しただけだということです。

数学的な真実は、こうした活動の単なる偶然の副産物にすぎないのです。大切なことは、あなたが自らすることです。絵画は、美術館に飾られているものではありません。あなたが描くのです。あなた自身が、絵筆や絵の具で体験することこそが大切なのです。

私の考えでは、アートは名詞の集まりではなく動詞だということです。生き方とさえ言ってもいいかもしれません（何はともあれ、醜さや苦悩から自由になる手段です）。一緒に体験した冒険を単なる事実や式に還元してしまうことは、完全に的外れなことになってしまいます。大切なことは、私たちが何かをつくり出したということです。

私たちは、とても素晴らしく、人を引き付けるものをつくり出し、その過程を楽しみました。ほんのりと光り輝くつかの間に、ベールを取り払い、時間を超えた単純な美しさをチラッと見ました。これは、大して価値のないものでしょうか？　人類がもっているもっとも魅力的で創造的なアートの形には、子どもたちに経験させるだけの価値はないのでしょうか？　私はあると思っています！

それでは、もう少し数学を試してみましょう！　私たちは継続した奇数を足すと常に正方形ができることを確認しました（より大切なのは、なぜそうなるのかを明らかにしたことです）。では、継続した偶数を足すとどうなるでしょうか？　あるいは、すべての数を足すとどうなるでしょうか？　簡単なパターンを見いだせるのでしょうか？　それがなぜそうなるか説明できるでしょうか？　それでは、楽しんでください！

場外　ちょっと待ってください、ポールさん。数学は、思考のマスターベーションをするにすぎないとあなたは言っているのですか？　実在しない美しい思考のために、これといった理由もなしに想像上のパターンや構造物を考え出し、それらについてあれこれ調べ、そして、それらの動きについてのきれいな数学的な証明をするのですか？

そうです。それが、まさに私が言っていることです。とりわけ、純粋数学（それは、数学的証明という名のアートです）は、実用的にも、経済的にも、間違いなく価値がまったくありません。実用的なものは説明を必要としませんから。それは、機能するかしないかが問われるだけです。奇数の発見を実用的なことに利用する方法を見いだせたとしても（もちろん、とても役立っている数学はたくさんあります）、私たちの素晴らしい証明は必要としないでしょう。もし、最初の一兆までの数に使えるなら機能するとされます。無限大の問題は、ビジネスや医療の世界では顔を出すことはないのです。

とにかく、数学は実用的な価値があるかどうかではありません。私は、そんなことは気にしていません。私が言いたいのは、それを理由に数学の価値を正当化する必要はないということです。私たちが今話しているのは、人間の頭脳にとってまったく無害で楽しい活動（つまり、自らの知性との対話）についてです。数学に、哀れな産業的、あるいは技術的な口実は必要ありません。それら、日常的に考慮しないといけないことを超越しているのです。

数学の価値は、面白く、素晴らしく、大きな喜びをもたらしてくれることにあります。「数学には使い道があるので重要である」と言うのは、企業の収益を上げるため、つまり私たちが精神的に意味のない仕事をするためです。そうであれば、子どもたちに「訓練になるのでとても大切だ」と言っていることと同じとなります。そういうことを、本気で私たちは信じているでしょうか？

3 最短の距離は

図23

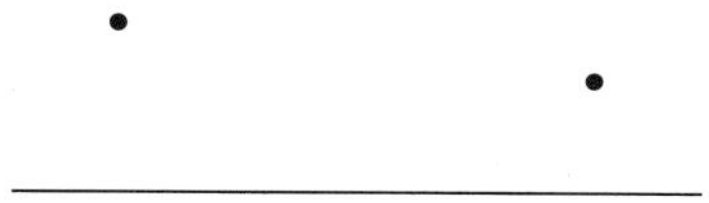

ジャングルに再び戻ってみることにしましょう。ハムスターが特定の生物学的な居場所（植物や虫などの餌、住むのに必要な地理的な領域）を占有しているように、数学の問題も環境（構造的な環境）のなかに位置づけられます。これについて、私のもう一つのお気に入りである例を使って解説することにしましょう。

二つの点が直線の片側にあります（**図23**参照）。問題は、直線に触れたところで二つの点のもっとも短い距離はどれだけでしょうか？（当然のことながら、「直線に触れる」という部分がこの問題の面白いところです。もし、その条件を除いたら、答えは二つの点を単純に結んだ距離となり、何の面白さもありません。）

図24

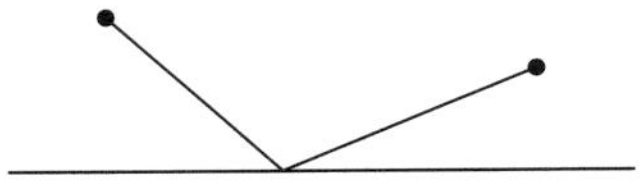

図25

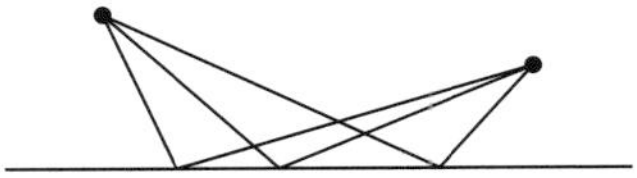

明らかに、もっとも短い線は**図24**のように見えるはずです。

答えとなる線は直線のどこかに触れていなければならないので、そのことに最初から挑戦するのがよさそうです。直線上のあらゆる点のなかで、最短の距離を提供してくれるのはどこなのでしょうか？　それとも、どこでもすべてが同じ長さを提供してくれるのでしょうか？（**図25**参照）

なんと美しく、魅力的な問題でしょう！　私たちの創造力と創意工夫を発揮するのにふさわしい、楽しい状況設定だと言えます。そして、気づいてください。私たちはまだ予想すらしていません。何が最短距離かも分かっていませんから、何を証明したらいいのかも知らないのです！　ですから、真実の説明だけでなく、真実がいったい何なのかを発見することが求められます。

この場合も、先ほどと同様、算数・数学教師としてするべき正しいことは何もしないことです。しかし、ほとんどの教師（と大人全般）にとってこれほど難しいことはないでしょう。もし、あ

図26

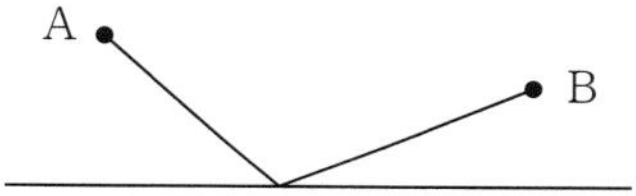

図27

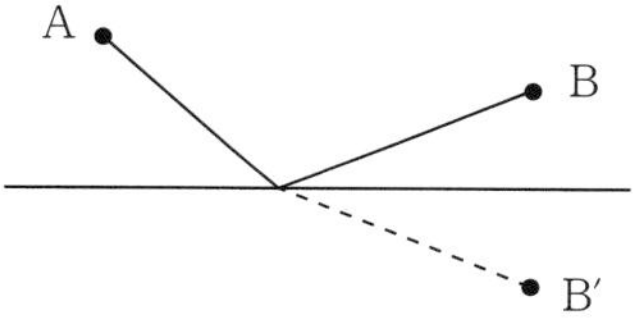

なたが私の生徒だったなら（そして、この問題があなたの興味を引いたと仮定して）、私は簡単に「楽しんでください。進捗状況は知らせてね」と言います。その後、あなたと問題の関係はどのようにでも発展していきます。

　でも、ここで時間を空けてしまうのはもったいないので、この機会を利用して、あなたをうっとりさせると同時に刺激を与える、とても素敵な数学の論証を紹介しましょう。

　実際は、最短の距離は一つしかないということが判明し、その見つけ方をお教えします。便宜上、二つの点に「A」と「B」という名前を与えましょう。直線に触れる「A」から「B」への線が**図26**のようにあると仮定します。

　線の長さが最短かどうか分かるとても簡単な方法があります。それは、幾何学のなかでもっとも意外な方法の一つで、引いた線を直線の反射で見るというものです。具体的に、引いた線の一部、ここでは「B」から直線に触れるところまでの線が直線で反射す

図28

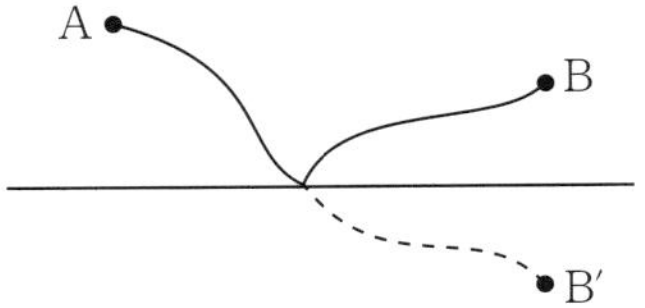

図29

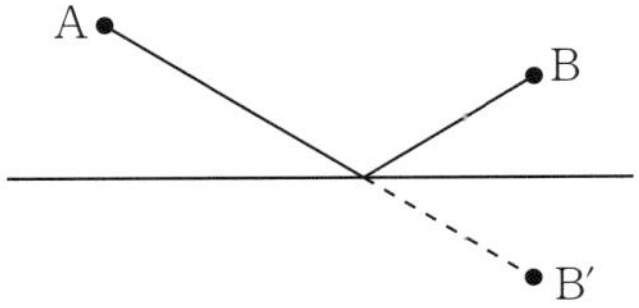

るとどうなるかを描いてみます（**図27**参照）。

私たちは、今「A」からはじまって、線を経由して「B」の反射として描いた「B′」に通じる点線が描けました。この方法を使うことで、「A」から「B」への線は、「A」から「B′」へ通じる線に変換することができます（**図28**参照）。

さて、これが重要な点です。新しい線の長さは元の長さと同じです。それがなぜだか分かりますか？　直線に触れて「A」と「B」を結ぶ最短の線を求める問題は、「A」から「B′」への最短の線を求める問題と同じであることが分かります。でも、それは簡単です。一本の直線が答えです。言い換えると、私たちが探していた線は、単純に反射したときに直線になる線だということです！（**図29**参照）

素晴らしいと思いませんか？　今のあなたの顔、驚いた様子が見えたらいいのに、と思います。同時に、私の冗談がちゃんと分かってくれたかを確かめたいものです。数学は、基本的にコミュニケーションのアートです。だから、私のアイディアが伝わったかどうかはとても大切なことになります（もし、私の言っていることが理解できないなら、この部分をもう一度読み直してみるべきかもしれません）。

私が初めてこの証明を見たとき、完全に衝撃を受けたことをぜひ知っていただきたいと思います。何がそんなにインパクトがあったのかというと（今もあり続けていますが）、まったく予想に反したことです。二つの点は直線の上部にあります。その間の最短の線も、同じです。この問題に、直線の下の部分が関係してくるなんて誰が思いつくのでしょうか？　このことは、私にとっては衝撃的な論証でありましたし、間違いなく初期の数学体験におけるハイライトの一つでした。

この問題を使って、今の数学者たちが自らの専門をどのように見ているのかということについてお話ししたいと思います。

この問題は、本当は何についてのものでしょうか？　ここでの問題はいったい何でしょうか？　最初に気がつくことは、それが置かれている状況についてです。つまり、点や線、そして面であり、そして距離や長さが問われています。

これらはまさに、幾何学的な構造の特徴です。この問題は、空間と距離の概念を扱った問題に分類されます。それは、(現実の世界を観察することからつくり出された古代エジプトの伝統を受け継いでいる)古代ギリシャの「初歩的」な幾何学から、(それらのほとんどは現実のものとはまったく関係ない)もっとも抽象的で風変わりな想像上の構造までさまざまです(「現実」とは何かを私たちが知っているということではないのですが、私の言いたいことはご理解いただけるでしょう)。

元来、「幾何学的な」という形容詞は、(恣意的であったり、抽象的であったりする)「点」の集まりと、それらの間の「距離」の概念(身近にあるものを想起して考えづらいもの)を対象にした問題や理論に関するものの総称として数学者たちによって使われています。

仮に、数珠がたくさんある空間を想定します。数珠同士の距離は、それぞれのビーズの色の違いで決まります。たとえば、「赤青青赤青」と「青青青赤赤」との距離は、最初と最後のところだけが異なるので「2」になります。この空間のなかで正三角形(つまり、互いの距離が同じ三つの数珠)を見つけることはできますか?

同じように問題は、代数的、位相幾何学(トポロジー)的、解析的な構造やほかにもたくさんのタイプに分類することができるだけでなく、これらを組み合わせたものも可能となります。集合論（theory of sets）や順序型の研究（study of order types）などの数学の領域は、構造をもっていないものを対象にしており、（楕円曲線のような）ほかの領域は構造をもっているあらゆるものを対象にしています。

このような枠組みが必要なのは、生物学と同じです。つまり、私たちの理解を助けるためにあるのです。ハムスターが哺乳類であるということを知っていること（これは気まぐれな分類ではなく、構造的な分類です）は、私たちに予想させることを助けてくれますし、何を注意して見たらいいかについても絞らせてくれます。

分類は直観のガイドとなります。同様に、私たちの問題が幾何学的な構造をもっているということを知っているだけで有益なアイディアを提供してくれますし、その構造以外のものについて考えてしまうという無駄な時間も省いてくれます。

たとえば、先の最短距離を探す問題において、曲げたり、ねじったりするようなことをしはじめたら、それが形をゆがめ、距離の情報を台無しにしてしまいますし、間違えることを約束するようなことにもなります。そうではなくて、構造を維持した形での活動や転換を考えるべきでなのです。

この問題の場合は、ユークリッド幾何学の環境下で起こっていることなので、当然たりの活動としては、距離を維持するために移動させたり、回転させたり、反射させたりといったものになります。もし、この知識があったなら、問題の構造的な枠組みとして含まれていた要素でもあるので、「反射」を使うという方法は驚くに値しなかったのかもしれません。

でも、それがすべてではありません。証明をするということは、当初意図したこと以上のことを常に証明してしまうものです。この証明の重要な点は、反射した線の長さは同じであるという事実です。ということは、私たちの証明は、点や線や距離や反射などの概念があるすべての状況において応用可能であることを意味します。たとえば、球の表面でも赤道を境にした反射という概念があります（**図30**参照）。

球を半分に切ったときに表れる曲線は、球状における「直線」の類似物と捉えられます。そして、実のところ、球状の表面で二つの点を結ぶもっとも短い線は、球を半分に切ったときの曲線になります（飛行機が、それをルートにして飛んでいることからも明らかです。**図31**参照）。

球状の空間における類似の問題は次のようになります。

「赤道の北側に二つの点があったとして、赤道を通過して、それら二つの線を結ぶも

図30

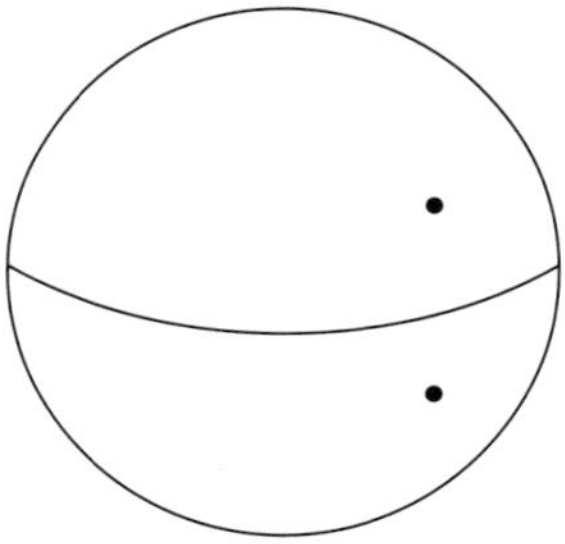

図31

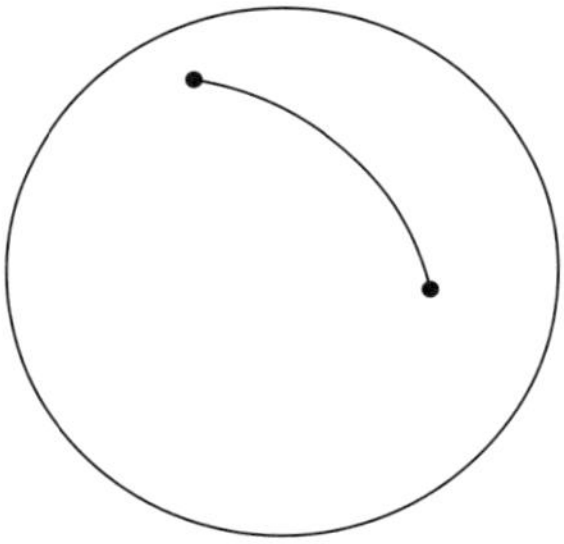

っとも短い線はどこにありますか？」

先ほど平面状で使った根拠はここでも使えます。ここでも同じように、反射させたときに表れる線となります（**図32**参照）。

もし、二つの点が平面上の空間にあったとしたらどうなるでしょうか？（**図33**参照）

私がここで言わんとしていることは、証明はそれをつくり出した問題を超えて、はるかに広範に使えるということです。証明は、何が本当に大切であるのかはもちろんのこと、何は真剣に扱う必要のないものか、また重要でない細部を教えてくれます。つまり、籾殻から小麦を分けてくれるのです。

もちろん、この点についてより機能を果たす証明もあります。しばしば、以前は重要だと考えられていた前提が、新しい証明によって実際のところは不要であ

図32

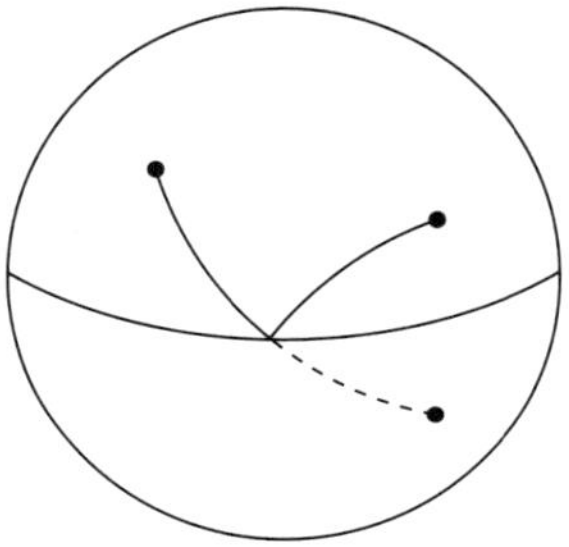

図33

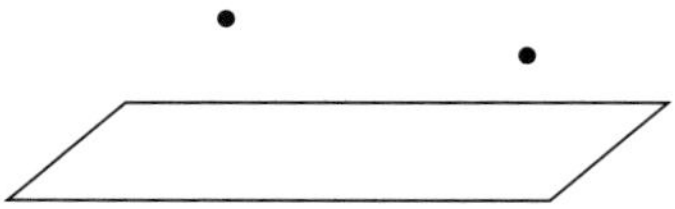

ったことが示されます。私がここで本当に言いたいのは、数学的な構造は私たちによって考えられたり、つくられたりしているのではなくて、「私たちの証明によって」だということです。

　数学の歴史的な発展（とくに、過去数世紀の）は着実で、紛れもないパターンを示してくれています。最初は問題があります。その出所は、本当の現実世界にあるものに刺激を受けたものも含めてたくさんあり、かなり多様なものとなっています。いずれは、それぞれの証明に登場する共通要素によって、多様な問題同士の関連が見いだされるようになるでしょう。

　抽象構造は、関連性をもつ情報を「もち越せる」ように設計されます（古典的な例で言えば、群の概念は、加法のような算術演算から、座標系、回転、順列などの行列変換まで、閉じた系における作用を抽象化して捉えたものです(7)。そうすると、分類問題や不変量の構成や下部構造など、新しい抽象的な構造の動きに関する新しい問題が生まれてきます。抽象的な構造同士が新しいつながりを発見してプロセスは継続し、さらにもっとパワフルな抽象的な考え方を生み出します。

このように、数学はその単純な起源からどんどん遠いところに行くのです。言ってみれば、空間に関係のある数理論理学(8)や圏論《けんろん》(9)などの数学のいくつかの領域の「点」は、それ自体がすでに理論となっているということです。

---

(7) 群の概念は、数学的対象Xから X への自己同型の集まりの満たす性質を代数的に抽象化することによって得られます。この集まりはXの対称性を表現していると考えられ、結合法則・恒等変換の存在・逆変換の存在などが成り立っています。(ウィキペディア参照) http://mathtrain.jp/group, http://www.geocities.jp/k27c8_math/math/group/group_and_algebra.htm, http://d.hatena.ne.jp/Zellij/20121211/p1

(8) 数理論理学は、集合論、モデル理論、再帰理論、証明論の四つに分類されています。

(9) (category theory) 数学的構造とその間の関係を抽象的に扱う数学理論の一つです。https://ja.wikipedia.org/wiki/%E5%9C%8F%E8%AB%96

ほんの一例ですが、線の長さを知る問題の鍵となる着想は「反射」でした。しかも、反射はとても面白い特性をもっています。それを二度繰り返すと、何もしなかったときと同じになるということです。それはあなたに何かを思い出させますか？　そうです、「1＋1＝0」の新しいバージョンです［一一七ページ参照］。私たちが前に論じた、自分に自分を足すことで無の存在になるハムスターのようです。

ここに、代数的な構造と幾何学的な構造のつながりを見ることができます。[10] これは、数のどのような体系が幾何学的に表現することが可能なのかという問題を提起します。あなたは、三角形が回転するような動きをする数の体系を考えることができますか？

ここで言わんとしていることは、現代に生きる数学者として私たちは常に、構造と構造を保持しながら変形するものを探し求めているということです。このアプローチは、私たちに似た問題を一緒にする方法を提供し、それらの問題が本当は何についてなのかを理解させてくれるだけでなく、証明のアイディアを考える際にそれを検討する範囲を狭めてくれるのに役立ちます。もし、新しい問題がすでに解明したものと同じ構造的な分類に含まれるのであれば、私たちは前の方法をそのまま、もしくは修正して使うことができるというわけです。

4 パーティーでの友人たち

はい、それでは山刀を持ってください。また、ジャングルに戻ります！

数学における美のセンスの事例を、少なくともあと一つは紹介したいという衝動を抑えることができません。それは、私が「パーティーでの友人たち」と呼んでいる問題です。

任意のパーティーにおいて、同じ数の友人をもっている二人を選び出すことができるでしょうか？ それとも、参加者すべてが異なる数の友人をもっているということもあり得るのでしょうか？ 最初にしなければならないことは、言葉がどのような意

(10) 一二五〜一二八ページで紹介した奇数の和が正方形で表すことができることも、この例に含まれています。

味をもっているのかを決めることです。

- 人々とは何か？
- 友人関係とは何か？
- パーティーとは何か？
- 数学者がこれらの問題にどう取り組んだらいいのか？

言うまでもなく、私たちは本当にいる人間や、彼らが抱えている複雑な社会生活について扱いたくはありません。シンプルな数学の美のセンスは、そんな必要のない複雑性はそぎ落として、問題の核心に迫ることを求めます。これは、人や友人関係についての問題ではなく、抽象的な関係についての問題なのです。そこでは、パーティーはいくつかの対象（それが何であるかは問題ではありません）で構成される「関係の構造」と、それら対象間の（おそらく、相互）関係の集合になります。

もし望むなら、**図34**のような単純な図形でその構造を視覚化することができます。そこには、一人の（誰も友人をもたない）よそ者と三人の友人がおり、好かれている

図34

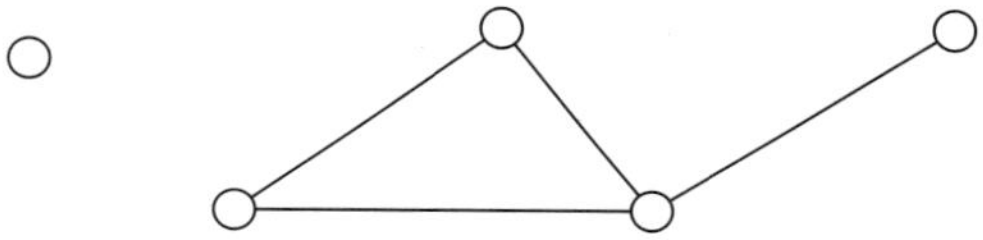

者を含めて五人がいます。そして、二つの点（人）が二つの線（友人関係）をもっていることが分かります。[11]（数学の世界では、組み合わせ図として知られる）数学の構造と、それについての自然で、面白い問題です。「すべての図は、同じ数のつながりがある二つの対象を有しているか？」（もちろん、私たちは、図には一つ以上の対象があると仮定しています。）

　このような数学の問題はいったいどこから来るんでしょうね？　私がお答えしましょう。遊ぶことからです。とくに目標を設定もせず、数学的な現実のなかで遊ぶことから生まれます。よい問題を見つけることは難しくありません。ただ単に、ジャングルに分け入っていけばいいのです。三歩も歩か

（11）本文には書いてありませんが、図から、残りの点（一人）は一つの線（友人）をもっていることが分かります。つまり、一番右の○。

ないうちに、何か面白いものにぶつからないほうがおかしいぐらいです。

生徒　ポール先生、あなたが以前に数を列に並べることについて言っていたことを考えていました。そして、いくつかの数は落ち着きが悪くて、うまく列に並んでくれないものがあります。たとえば「13」です。

筆者　もちろん、縦13個×横1個とか、縦1個×横13個のように並べることはできます。

生徒　はい、それは両方とも退屈なことです。そんなことは、どの数でもできます。少なくとも、私は二列を使いたいのです。とにかく、次のようなへんてこりんな数を並べはじめたのです。

1、2、3、5、7、11、13、17、19、23、29、31、37、41、43、47……(12)

このままずっと続きそうなのですが、まだこれらのパターンを見つけられないでいます。

筆者　あなたは、とてもミステリアスなものに遭遇しました。本当のところ、あなたが並べた変な数について、私たちはまだあまり知らないのです。一つだけ確実に知っていることは、それはずっと続くということです。列に並び切れる以上の無限に供給される数があるからです。ひょっとしたら、このことを証明するのはよいことかもしれません。

生徒　考えてみます。とにかく、私が自分のリストで気づいたことは、数の間の間隔についてです。数が大きくなると出てくる頻度が少なくなるのですが、でも時々、「17」「19」や「101」「103」のように、一つおきで続いて出てくることがあります。これは、続いて起こるのでしょうか？

---

(12)　ここでのやり取りは、著者と想像上の生徒との会話です。そして、その生徒は、長方形の点では描くことのできない数字に興味をもっており、「1」もリストに含めました。言葉は、どういう意味にも解釈可能です。素数に「1」を含めることだって可能です。あなたは、たぶん「1」は素数ではないと言われていたでしょう。でも、より大切なことは、あなた自身が素数という言葉にどういう意味をもたせたいかです。あなたは、なぜ「1」は含まれないほうがいいと思うのですか？　もちろん、「1」を含まないほうがよい技術的な理由はあります。しかしながら、生徒はまだその段階には至っておらず、したがって排除する根拠も見いだしていません。

筆者　まだ、誰も知りません！　あなたが見つけた変な数は「素数」と言い、二つそろって出てくるのは「双子素数」と言います。双子素数は出続けるのかというあなたの質問は、「双子素数の予想」として知られています。実のところ、それは数学上の未解決問題のなかでもっとも有名なものの一つです。それに取り組んだほとんどの人（私も含めてですが）は、たぶん正しい、つまり双子素数は出続けると考えていますが、まだ確実には分かっていません。私が死ぬ前までに証明を見たいと思っていますが、あまり楽観的なことは言えません。

生徒　なんと、おかしなことでしょう。これほど単純と思われるものが、そんなに難しいとは！　もう一つ私が気づいたことは、「3」「5」「7」のあとには三つの素数が続けて出ることはないということです。これは正しいですか？

筆者　「三つ子の素数」！　なんと素晴らしい問題でしょうか。少し考えてみませんか？　そのうえで、どうなるか見てみましょう。

（数日後）

生徒　私は、何かを発見したと思います！　三つ子の素数を探していて私が気づいたことは、三つの奇数が並んだとき、そのうちの一つは必ず「3」の倍数だということです。たとえば、「13」「15」「17」のときです。真ん中は「5×3」です。

筆者 素晴らしいです！ それが確実に「3」「5」「7」が最後の三つ子の素数であることを説明しています。「3」の倍数で素数になるのは「3」しかありませんから。そうなると、今度は三つの奇数が並んだときに、なぜそのうちの一つは必ず「3」の倍数を含んでいるのかを解き明かせばいいわけです。

生徒 このやり取りに終わりはあるんですか？ 数学に終わりはあるんですか？

筆者 いいえ、ありません。なぜなら、問題を解くことは、常に新しい問題に導いてくれるからです。たとえば、あなたは私に、五つの奇数が並んだとき、そのうちの一つは必ず「5」の倍数を含んでいるのか知りたいと思わせてくれましたから……。

このようにして数学の問題は生まれます。誠実な探究と偶然の思わぬ発見によってです。でも、世の中の素晴らしいことの多くは、このようにして起こっているものではないでしょうか。子どもたちは、それを理解しています。子どもたちは、学ぶことと遊ぶことは同じだということを知っています。

大人たちがそれを忘れてしまったということは、なんと悲しいことでしょう。大人は、学ぶことは苦行だと思っています。ですから、すべてをそのように感じてしまいます。大人が抱える問題は、まさに自らの意図にあるわけです。

私があなたに提供できる具体的なアドバイスを一つだけ言わせてください。それは、「遊んでください」ということです。数学をするのにライセンス（資格）はいりません。授業を受ける必要もありませんし、本を読む必要もありません。あなたの残りの人生を楽しむためにも遊んでください。数学的な現実はあなたのものです。それは、あなたの想像のなかにあり、あなたがしたいようにすることができます。もちろん、何もしないことも含めてですが。

もし、あなたが学校の生徒なら（ご愁傷様です）、算数・数学の授業で起こっている意味のない馬鹿馬鹿しさを無視してください。もし望むなら、退屈さから抜け出して、実際に数学をするという選択も可能です。窓の外を見て、授業終了のベルが鳴るのを待っている間、面白いことについて考えればいいのです。

そして、もしあなたが算数・数学の教師なら、とりわけ数学的な現実で遊んでみる必要があります。あなたが教えることは、あなた自身のジャングルでの体験から自然に湧き起こってきたものであるべきです。間違っても、遊園地で仮想のジャングルのなかを観覧車などに乗って見て回るような体験であってはいけません。(13) 忌々しいカリキュラムや教科書は窓の外に投げ出してください。そうすれば、あなたと生徒たちは本当の数学に一緒に取り組めるようになります。

真面目な話ですが、もしあなたが自分自身で想像の宇宙を探究し、それを理解したり、発見したりすることに興味がないなら、自らを算数・数学の教師と呼ぶことでいったい何をしようとしているのか理解できません。もし、数学に個人的なこだわりがなかったり、数学が自分を感動させたり、背筋をゾクゾクさせるようなことがないなら、ほかにすることを探しはじめたほうがよいでしょう。

一方、子どもたちと一緒に仕事をするのが好きで、本当に教師になりたいなら、それは素晴らしいことです。でも、自分にとって何らかの意味のあることを教えてくだ

(13) 著者は、「遊園地で仮想のジャングルの中を観覧車に乗って見て回る体験」が、学校で行われている算数・数学として皮肉っています。

さい。あなたは、伝えたい何かをもっているはずです。この点について、私たちは正直であることが大切です。そうでないと、私たち教師は、意図的でなくともたくさんの悪影響を及ぼすことになってしまいます。

最後に、もしあなたが生徒でも教師でもなく、この世界に住み、みんなが求めているように愛と意味を探し求めている人なら、私はあなたに、何千年もの間たくさんの人々に計り知れない喜びを提供してきた、純粋で素晴らしく、害がなく楽しい活動の一端をご覧に入れられたのではないかと自負しています。

いずれにしましても、それぞれの方に、私の言わんとしていることが伝わることを期待しています。

訳者あとがき

なぜこの本を翻訳して、日本の読者に読んでもらいたいと私が思ったのかについて説明しておきましょう。二つの理由があります。

一つは、当然のことながら、この本のテーマである算数・数学教育の現状と可能性について読者といっしょに考えたかったことがあります。そしてもう一つは、算数・数学以外のすべての教科や学習活動についても同じく考えたかったからです。

前者については、本の解説や訳者として解釈を書くつもりはありません。著者のポール・ロックハート氏が見事なぐらいに現状と可能性を分かりやすく、しかもユーモア（皮肉？）たっぷりに書いてくれていますから、あとは読者に読んでいただき、判断と行動を起こしていただくだけだと思っています。したがって、私にできることは、本には書かれていない部分について補足をする形で、この本を読者（私を含めて！）がどのように可能性の実現に向けて努力していくことができるのかを書くことになります。

後者の算数・数学以外の現状と可能性については、前者のあとに書きますが、一言でいうと、教科の壁は一見すると高くて分厚いもののように思ってしまいがちですが、実際のところはほとんど同じだということです。

この本は、もともとは「パート1（数学教育への批判）」のみの小冊子として読まれていました。その後、「序文」を書いているデブリン・スタンフォード大学教授が紹介したことですごい反響があり、出版されることになったために著者のロックハート氏が「パート2（数学教育への提案）」を付け足したわけです。

しかしながら、「パート2」を読んだだけで実際に教え方を転換できる教師はごくわずかしかいないと思い、ロックハート氏に「日本の読者向けの「パート3」を追加執筆してくれませんか」と依頼しました。つまり、教科書を使わずに、具体的に年間を通してどのように教えることができるのかについて、特定の学年を例にとって示してくれないか、と頼んだわけです。

この依頼への回答は「ノー」でした。「これを書いたのは一四年前で、私は書きたいことや書くべきことはすべて書いており、加えたいものや加えられるものは何もありません」という回答でした。この回答は、おおよそ予想していたものでした。そして、こんなことを依頼した私へのお叱りの言葉も加えられていました。

「この本は、教師のために書いたものではありません。人間のために書いたものです。私は読者に、学校から何を奪われたのかを知ってほしくて書きました。教師たちが精神的な児童虐待をし続けることを手伝うつもりはまったくありません。つまり、教師と学校こそが問題なのです。何が解決をもたらすのか（傍点は著者）、自分自身で学ぶしかありません。そのことは、本のなかでかなりハッキリ書いたつもりですが……」

確かに、教師、学校、教育制度（システム）には大きな問題があると私も思っています。だからこそ、この本を選んで日本に紹介したいと思ったわけです。でも私は、日本の戦後経済の変革にもっとも影響を与えた人物で、「ＴＱＭ（トータル・クオリティ・マネジメント）」「品質管理」「ＱＣサークル（小集団の品質改善活動）」などの生みの親として知られているエドワード・デミングが言っていたことも思い出しました。

「人間のすることの八五パーセントはマネジメントないし制度（システム）の問題で

あり、個々人の問題はわずか一五パーセントにすぎない」というものです。これは、いかに素晴らしい人たちがたくさんいても、制度（システム）やマネジメントに問題がある場合は、その人たちは自分の能力をほとんど発揮することができないということです。[1] かなり説得力があると思いませんか？　学校も含めて、このことは日本の多くの組織に言えることだと私は思っています。

もちろん、だからといって、一人ひとりの責任逃れが許されるわけではありません。制度（システム）を構成しているのは、あくまでも一人ひとりの構成員（学校の場合は、まずもって教師たち）ですから。ある意味これは、「卵が先か、ニワトリが先か」の議論になってしまいます。

教育は、制度（システム）がよくなることを期待していても、一向によくならないことは過去何十年という歴史が証明してくれています。文部科学省がいろいろな「改革」の手を打っていますが、良くなるよりも悪くなっているほうが多いと感じるぐらいです。それに対して、構成員である一人ひとりの努力がどのくらいあるのかというと、これも数十年前のほうが自由で、制約や忙しさの度合いも少なかったせいか、現在よりも努力していた人のほうが多いでしょう。

ということで、努力をしたい教師（著者のいう「自分自身で学ぶ教師」）には、最大限のサポートをし続けたいというのが私のスタンスです。もちろん、制度（システム）サイドの人たちでよくしたいと思っている人たちもサポートしたいと思っていますが、キーパーソンを見いだすことが至難の業となっています。政治家も、役人も、いかんせんすぐに異動してしまいます。

以下で、算数・数学に関係していることで、私がしている（もがいている）ことをいくつか紹介していきます。

その1　テストの点数よりも大切な数学的思考を身につけること

リーディング・ワークショップ（日本では「読書家の時間」）とライティング・ワ

（1）このことは、日本中の授業でも日々起こり続けていることです。たとえ子どもたちに学ぶ意欲があっても、教室でのマネージャーである教師にその力量がなければ、あるいは制度として教科書をカバーする授業が横行し続けるかぎりは、子どもたちは潜在的にもっている能力のほとんどを発揮することはできないでしょう。この点に関するより詳しい説明は、「ＷＷ／ＲＷ便り、ＷＷがなければ出会わない子どもの可能性」を検索して読んでみてください。

ークショップ（日本では「作家の時間」）による読み・書きの教え方があまりにも効果的なので、今、小学校の先生たちとそれらを算数に応用するプロジェクトを進めています。以下は、最近のミーティングにおいて話し合われたことに私が加筆をしたものです。(2)

メンバーのなかに、「テストの結果がよくなかったので、通常の授業に戻らざるを得なかった」という先生がいました。テストの結果に縛られているということは、教科書をしっかりと押さえるという「縛り」を意味します。その後ろには、保護者やマスコミや教育システムという「縛り」もあります。そのため、小学校（から高校まで）の教師たちは、「真にやりたい仕事ができない状態に置かれている」と言い換えることができます。

また、多くの教師にとって、実践を変えるということは、勇気がいると同時に継続的なサポートが必要だということです。しかしながら、悲しいことに日本の教師教育＝教員研修には、この大切な勇気を獲得し、それを実現するための継続的なサポートを提供するという発想が丸ごと抜けています。それが、授業を停滞させたままにする最大の要因です。「ＰＬＣ便り、誤解を吹き飛ばす二つの表」で検索すると、乗り越えるヒントが得られます。

一方、元の授業に戻ったところで、子どもたちのテストの点数が上がるわけではありません。得られるのは、ほかの先生たちと同じことをしているという安心感だけです。結果的に、かなりの部分がテストによって決定づけられている、という状態が続きます。それも、「業者」がつくったテストに、です。言い換えれば、教師がコントロールできる部分はきわめて少ないということです。

ところで、テストで測れる人間の能力といえば二〇分の一ぐらいです。多めに見積もっても一〇分の一でしょう。残りの部分を無視したまま、「教育活動」という名の営みをやり続けてもいいのでしょうか?

---

(2) これは、ロックハート氏が本文中を通して強調していた「すること」を中心に据えた学び方・教え方であり、それを国語の「読み・書き」において実現した方法です。この方法だと、九割以上の子どもたちが書くことや読むことを好きになり、それぞれの力を確実につけることができます。興味のある方は、『リーディング・ワークショップ』『ライティング・ワークショップ』『作家の時間』『読書家の時間』という四冊が新評論から出版されていますのでご覧ください。また、「作家の時間」や「WW&RW便り」で検索していただけると、ホームページやブログやフェイスブックを通して継続的な情報提供もしています。

その後、学校の同僚たちや管理職をすぐに説得することはできなくても、子どもたちや親たちに受け入れられる「価値ある評価項目」を、後述する『Thinking Mathematically』から学んだ数学的思考と問題解決のサイクルを中心にメンバー全員で考えました。すぐに、テストの点数などは、前述したように「二〇分の一」であることが明らかになりました。さらに、「これらの評価項目ならば、テストの点数は低くても救われる子どもが増えるだろうな」という意見も出ました。そして、それらを押さえることでこそ、「真の数学的思考は身につく」と先生たちも自信がもてました。

逆に、テストの点数のみで考えていては、「数学的思考」とは何か、それはどうやって身につけられるのか、といった話すら出てきません。それが、今の学校の悲しい現状です。ここでベースになったのは、「テストだけでは測れない！」ということでした。

「テストにすべてをかすめとられている」うちは、自分たちがやりたくないことを子どもたちに強制し、結果的に残るものが少ないということを多くの教師が認識しています。そして、それが動かし難い「日本の教育制度」であると捉えています。しかし、これを続けていて得をする人がいるのでしょうか？　それを何年も続けることで、どれだけの生徒たちが算数・数学を好きになり、かつ数学的な思考法を身につけているでしょうか？　私たちの多くは、たとえテストの点数がそこそこを得られたとしても、それを使いこなせるようになるとは思っていませんし、数学的思考が何たるかも理解していないと考えています。

その2　本書のパート3に代わる本の翻訳プロジェクト

先に紹介した算数ワークショップを実践するメンバーたちは、一年以上をかけて算数・数学関係の参考になる本を読みあさりました。なんと、英語の文献も含めて一三〇冊以上もです。その結果、小学校段階も含めて「数学的思考とは何か」、そしてそれはどうやって身につけることができるのかについてもっとも分かりやすく提示している本は、『Thinking Mathematically（数学的に思考する）』という本であることを見いだしました。

その本に紹介されている問題を、メンバーが何問か解きました。そして分かったことは、①解き方は一つではなく複数あること、②人によって要する時間が違うこと、③いっしょに挑戦する／教え合う仲間がいることの大切さ（互いに紹介し合うことがとてもいい学びになること)、④感情面も含めて記録をとることや振り返ることの大切さ、さらには、⑤それらの問題を通して数学的思考と問題解決のサイクル=数学者のサイクルが自然に身についていく、ということでした。

本書ではこのサイクルについては言及していませんが、数学者がしていることは、「数学的思考と問題解決のサイクル」を回し続けていることは明らかです。それを自分で回し続けられるようになれば、自立した思考者=問題解決者になっていきます。残念ながら、日本の算数・数学の授業には、このサイクルを回すという発想は皆無です。ひたすら練習問題を解くことしかありません。ロックハート氏に言わせると、忠実/従順に振る舞うトレーニングをみんなでしているだけ、ということになります。

ちなみに、他教科でもこれと同じことが言えてしまいます。国語の場合、「読み・書き」でもっとも大切なことは、読むことと書くことを好きになり、読書のサイクルや作家のサイクルを回し続けることです。しかも、主体的かつ自立的な読み手や書き手になるには、継続的に何十回も回す必要があります。言うまでもなく、理科や社会科でも同じです。(3)

また、『Thinking Mathematically(数学的に思考する)』のメリットは、学校だけではなく家庭を含めて、どこでもできてしまうというところにあります。ロックハート氏に書いてほしかった「パート3」のイメージとも近いので、本書の第二弾として新評論に提案したところ好意的に受け入れてくれましたので、すでに翻訳をはじめています。ご期待ください。

その3　算数・数学が直面している少人数指導という誤った教え方

生徒数を減らせば、指導が行きわたるという幻想に陥っているがゆえに生じている問題、それがこれです。弊害のある方法だと思っていても、管理職や教育委員会が押し付けてくるので仕方なくやらざるを得ないという状況に置かれている教師から見た少人数指導の実態は次のとおりです。

「複数の教員が別々の場所で子どもたちを見るために、子ども個人よりも進度をそろえることが最優先になっているのが現状です。一人ひとりの学びを見取る、というこ

（3）　基礎・基本を身につけてから、これらのサイクルを回せるようになればいいと考えてしまっては、基礎・基本の段階でほとんどの子どもたちがその教科を嫌いになってしまいます。サイクルを回すなかで、基礎・基本も身につけていけるようにするのが教師の役割です。

と自体の意識すらありません。保護者（やこのやり方を支持する議員など・訳者補記）からすれば、少人数で見てもらえれば目が届くだろうという錯覚があります。少人数に分けて、教科書をしっかり教えてもらえるので安心感は得られます。教師からすれば、とにかく少人数に分けて教科書どおりにやっていれば一番楽で、安全です。しかし、それは教師自身の成長もないことを意味します。子どもたちがかわいそうです」

まさに、「誤解の産物」としか言いようがありません。適切な指導ができない教師を増やして（あるいは維持したままで）、子どもたちの人数を相対的に減らしたところで、本書でも指摘されているようなおかしな指導がより徹底されるだけです。そのようなことに貴重な税金を投入して、「良いことをしているんだ」と議会などで発言している議員や教育長などがいるのですから、本当に困ったものです。しっかりと、本書や「少人数指導」の弊害を検討したうえで判断してほしいと思います。

マスコミにも、こうした事実は積極的に報道していく責任があります。五〇ページの著者の質問にもあるように、すべてが「同じ穴のムジナ化」している状態は洋の東西を問わないようです（ぜひ、改善をお願いしたいです）。

「少人数指導」の弊害を排除し、すべての子どもたちをより良く学べるようにするために参考となる本を二冊紹介しておきます。

一冊目は、『イギリス教育の未来を拓く小学校』（大修館書店）という本です。とくに、七〇〜七三ページで、「少人数指導」の問題とそれを乗り越える具体的な方法に言及しています。著者の一人であるピーコック先生が、それまで自分のクラスのなかだけでしていたことを、たまたまロックザム小学校の校長になったのをきっかけに全員の先生たちで取り組んだ様子を紹介してくれています。

その結果、「すべての教師たちは、子どもたちが到達度に基づいたグループ分けの体験から否定的なメッセージを受けることに気づいていたと言っています」。そして、「子どもたちは学級のなかで自由に融合し合っていて、もしグループ分けが能力によって行われていたらそのような接触はなかっただろうと思える子どもたち同士の間でも友情関係が開花したのです」。

さらに加えて、「このような結論は能力別のグループ分けの影響についての一貫した研究結果と一致しています。それは、ボーラーが数学の指導におけるこのようなクラス編成の効果に関して、影響力のある論評のなかでまとめたものです。ボーラーは、研究結果と自分自身の専門的経験とに基づいて次のように述べています。『子どもたちの数学の学習のために学校が施すもので最も有効でないものは、低い達成度の子どもたちを一緒にするようグループ分けし、レベルの低い課題を与え、あまり期待せず、〝レベルの低い〟子どもとしてコミュニケーションを図ることだ』[4]とも書いています。

もう一冊は、「生徒たちがもっている体験、準備の度合い、興味・関心、知能、学び方、学ぶ動機づけ、得られるサポートなどの多様な違いを踏まえた教え方」に特化した本です。この教え方は、欧米では「Differentiated Instruction（生徒の多様性に応じた教え方）」として一九九〇年代の後半からかなり普及していますが、日本にはまったく紹介されていません。子どもたちを、あたかも違いなど存在しないがごとく扱うか、それとも上述のように、能力差による少人数指導を平気でしてしまうかのいずれかが行われています。

タイミングよく、この「訳者あとがき」を書きはじめる一週間前に、この本の翻訳[5]出版企画が北大路書房で決まりましたので、興味のある方は約一年後にチェックしてくださるか、「shinlearn@gmail.com」の吉田宛に催促のメールをお願いします。

この本のエキスを短くまとめて紹介するのは難しいので、ここでは一つの表を紹介します（一八二ページ）。健全な教育実践を行うためにすでに私たちが知っていることと、それらの知識があるにもかかわらず、私たちが学校で行い続けていることを比較してまとめたものです。この本には、表の左側の「私たちが知っていること」を実際に実践している事例が豊富に紹介されています。

私が本書を訳したいと思った二つ目の理由は、もちろん本文の中身のよさとその濃さです。推薦者のデブリン教授が「すいせんの言葉」で書いているように、この本が算数・数学教育に対する批判（パート1）と提案（パート2）として際だっているだけでなく、「この本は、算数・数学教育に携わるすべての教師、算数・数学教師を目指

（4）この引用部分のオリジナルは、What's Math Got to Do with It?: How Parents and Teachers Can Help Children Learn to Love Their Least Favorite Subject, Jo Boaler, 2009. 第5章です。

（5）タイトルは、The Differentiated Classroom: Responding to the Needs of All Learners, 2nd Edition, Carol Ann Tomlinson, ASCD, 2014. で、後で紹介する表の出典は四三ページの表3－2です。

表　教育実践の「理解と現実」

●私たちが知っていること	●私たちがしていること
・生徒たちの多様性は正常かつ有益だ。	・生徒たちの違いを問題視している。
・能力は固定化されておらず流動的である。もし、知的にこつことと励み、十分なサポートが得られれば、すべての生徒はよい成績を取れるようになる。	・教えやすさの観点から、学校はできのよい生徒とそうでない生徒に分けたがる傾向がある。
・教師と生徒の強い関係と、学習者のコミュニティーに基づいたクラス環境は、生徒たちの成績にプラスの貢献をする。	・教師たちは多すぎる生徒たちを抱えており、教室はバラバラな個人の集まりであり、学習者のコミュニティーとは捉えていない。
・カリキュラムは、生徒たちが各教科はどのように構成されているのかを理解する助けとなっており、興味をそそり、生徒の理解と知識の転移に焦点を当てており、生徒たちの生活に関連があり、そして生徒たちを思考者や問題解決者と位置づけている。	・カリキュラムは大抵指導目標、指導書、教科書によって決定づけられている。生徒たちの生活と関連づけられることや、生徒たちの身の周りの世界を理解する助けになることは稀である。「正解」が重視され、深い思考や意味づくりは軽視ないし無視されている。
・形成的評価は質の高いフィードバックを提供し、指導上の変更・改善を導き、そして生徒の自立性を高めるのに使われることで、生徒たちの学びにきわめて効果的な影響を及ぼしている。	・形成的評価は成績に使われることはあるが、生徒たちのニーズに応えるための指導に使われることはほとんどない。生徒たちも、形成的なフィードバックを自らの向上に役立てることはない。
・生徒たちの違いに対処することは、学びを持続させるのに不可欠である。	・同じ学年の生徒は、すべて同じであるかのように教えている。
・生徒たちの準備のレベル、興味関心、学習への姿勢に対応する教え方は、生徒たちがよい結果を得る助けになる。	・教え方、学び方、教材、スピードなどすべてが、誰にでも通用するというアプローチをとっている。
・予測可能性と柔軟性をバランスさせ、生徒たちの自立性を育み、信頼関係の下に築かれたクラス運営をするのが生徒たちのベストの成長を生み出す。	・クラス運営は従順であること、つまり柔軟性に欠け、「思考の複雑さ」よりも「正解」が重視され、生徒たちへの不信などがベースになっている。
・生徒たちにレッテルを貼ったり、選別することは、生徒たちの成績を上げるのに効果的でないだけでなく、自分の能力や他者の能力の見方という点でも大きな代償を払うことがわかっている。	・多様な子どもたちが協力し合って学ぶインクルーシブなクラス[6]をつくるよりも、生徒たちにレッテルを貼ったり、選別することを好んでいる。

すすべての学生、学校に通う子どもをもつすべての親、そして算数・数学教育に政策面でかかわるすべての関係者にとっての必読書として位置づけられるべきだと思います」という記述に賛同したからです。

さらに私は、算数・数学にとどまらず、この本は国語、理科、社会、英語などの外国語など、すべての教科や学習行為で同じことが言えてしまうと判断しました。とくに、テストや入試によって、算数・数学と同じようにその内容や教え方・学び方が大幅にゆがめられている主要教科については、です。したがって私は、「この本は、教科の枠を超えたすべての教師、教師を目指すすべての学生、学校に通う子どもをもつすべての親、そして教育に政策面でかかわるすべての関係者にとっての必読書として位置づけられるべきだ」と思っています。「子どもたちからワクワクする学びを奪い取らないために！」という視点からも、本書を役立てていただければうれしいです。

(6) 障害のある子どもを含むすべての子どもに対して，子ども一人ひとりの教育的ニーズにあった適切な教育的支援を，通常の学級で実現すること。

最後になりましたが、粗訳の段階で読んでフィードバックをしてくれた須藤雄生さん、山谷日登美さん、鳥越泰弘さん、そしてこの本の企画に賛同していただき、最善の形で日本の読者に読んでもらえるようにしてくれた武市一幸さんはじめとして株式会社新評論の関係者のみなさんに感謝を申し上げます。

二〇一六年二月

吉田新一郎

補記　訳語についての言い訳をさせていただきます。学校で教える「数学」を表す言葉として、英語は mathematics 一つですが、日本語にはどういうわけか二つあります。したがって、文脈に応じて「数学」と「算数・数学」を使い分けざるを得ませんでした。もう一つ、idea も文脈に応じて、「アイディア」と「考え」の二つを使い分けました。

訳者紹介

吉田新一郎（よしだ・しんいちろう）

著者がこの本で書いている「偽」の算数・数学を、日本の小・中学校、オーストラリアの高校（英語をあまり使わなくていいという安易な理由で、２年間で６教科しかとらなくていいなかの二つまでが数学でした！）とアメリカの大学（なんとあのＭＩＴ！　数学は専攻しませんでした）で取らされ続け、その後40年間は学校で学んだ数学とはまったく無縁の生活をしていました。なんともったいないことをしてくれたんだ、と恨んでいます！

それが、この本や「訳者あとがき」で触れた『Thinking Mathematically』を読んだことで（60歳を過ぎて！）、数学的思考に開眼というか、面白がりはじめています。何事も、遅いということはありません！

現在、作家や読書家や数学者や市民（や今後は、科学者や画家や音楽家や料理家など）になる体験を通して学ぶ学校の各教科のあり方を模索しています。教科書をカバーする授業よりもはるかに楽しく、しかも力がつきます。関心のある方は、pro.workshop@gmail.com に連絡ください。

算数・数学はアートだ！
——ワクワクする問題を子どもたちに——

2016年４月10日　初版第１刷発行

訳　者　吉田新一郎
発行者　武市一幸

発行所　株式会社　新評論

〒169-0051
東京都新宿区西早稲田３-16-28
http://www.shinhyoron.co.jp

電話　03(3202)7391
FAX　03(3202)5832
振替・00160-1-113487

落丁・乱丁はお取り替えします。
定価はカバーに表示してあります。

印刷　フォレスト
装丁　山田英春
製本　松岳社

Printed in Japan
ISBN978-4-7948-1035-9

好 評 既 刊

吉田新一郎

読書がさらに楽しくなるブッククラブ

読書会より面白く，人とつながる学びの深さ

読むことが好きになり，大きな学びを得られる読書法の実践指南。

［A5 並製　240 頁　2000 円　　ISBN978-4-7948-0928-5］

吉田新一郎

「読む力」はこうしてつける

優れた読み手の「読み方」を詳細分析，その身につけ方を指南。

［A5 並製　208 頁　1900 円　　ISBN978-4-7948-0852-3］

プロジェクト・ワークショップ 編

作家の時間

「書く」ことが好きになる教え方・学び方【実践編】

“ライティング・ワークショップ”，日本の教師たちの実践録。

［A5 並製　216 頁　1900 円　　ISBN978-4-7948-0766-3］

L. カルキンズ／吉日新一郎・小坂敦子 訳

リーディング・ワークショップ

「読む」ことが好きになる教え方・学び方

子どもが主体的な読み手として成長するための画期的授業法。

［A5 並製　248 頁　2200 円　　ISBN978-4-7948-0841-7］

R. フレッチャー＆J. ポータルピ／小坂敦子・吉田新一郎 訳

ライティング・ワークショップ

「書く」ことが好きになる教え方・学び方

「作家になる」体験を軸にした楽しくて新しい国語授業。

［A5 並製　184 頁　1700 円　　ISBN978-4-7948-0732-8］

＊表示価格はすべて税抜本体価格です

好　評　既　刊

J. ウィルソン&L. W. ジャン／吉田新一郎 訳

「考える力」はこうしてつける

「思考力・判断力・表現力」を磨く授業の実践法を詳説。

［A5 並製　208 頁　1900 円　　ISBN4-7948-0628-0］

プロジェクト・ワークショップ編

読書家の時間

自立した読み手を育てる考え方・学び方【実践編】

「本を読むこと・本について語ること」が文化となっている教室の実践例を通じて、「読む力」を育む学習・教育の方法を深める。

［A5 並製　264 頁　2000 円　ISBN978-4-7948-0969-8］

L. ローリー／島津やよい 訳

ギヴァー　記憶を注ぐ者

ジョナス，12 歳。職業，〈記憶の器〉。彼の住む〈コミュニティ〉には，恐ろしい秘密があった全世界を感動で包んだニューベリー受賞作が，みずみずしい新訳で再生。

［四六上製　256 頁　1500 円　ISBN978-4-7948-0826-4］

L. クリステン／吉田新一郎 訳

ドラマ・スキル

生きる力を引き出す

オーストラリアのドラマ（演劇）教育の現場…学びの中に創造的な「遊び」を追求。

［A5 並製　192 頁　2000 円　　ISBN4-7948-0591-8］

J. ボパット／玉山幸芳・吉田新一郎 訳

ペアレント・プロジェクト

学校と家庭を結ぶ新たなアプローチ

子ども達が学校で生き生きと学ぶために親は何ができるのか。

［A5 並製　200 頁　1900 円　　ISBN4-7948-0581-0］

＊表示価格はすべて税抜本体価格です